クマオーの消費税トラブル・バスターⅡ

税理士 **熊王征秀** [著]

ぎょうせい

改訂新版の発刊にあたって

　本書は、月刊「税理」において、平成15年1月号から平成20年3月号にわたり、「クマオーの消費税トラブルバスター」と題して連載したコラムを改訂し、平成20年6月に初版を発刊しました。その後、月刊「税理」の連載は「クマオーの消費税トラブル・バスターリターンズ！」と銘打って平成24年4月号から再開し、平成30年3月号まで6年間執筆させていただきました。連載の終了に伴い、内容を整理したうえで加筆改訂し、改訂新版を発刊することとしたものです。

　会計検査院の指摘もさることながら、自販機作戦をはじめとする消費税の還付スキームがはびこったことなどにより、課税庁との間では資産税顔負けのイタチごっこが繰り返されています。結果、連年にわたる税制改正により、消費税法は税理士でも理解不可能なほどに複雑怪奇な税制へと変化してしまいました。

　これに加え、度重なる増税の延期と軽減税率の導入など、自公連立政権により消費税法は理想とは程遠いポンコツ税制へと変わり果てていったのです…。

　いずれにせよ、我々実務家は基幹税となる消費税と付き合わないわけにはいきません。どんなにわかりづらい税制であろうとも、失敗するわけにはいかないのです！

　決して堅苦しい書物ではありませんので、お気軽に、興味のあるところからお読みください。本書が、会計事務所の職員や企業の経理担当者の方々のトラブル防止に役立てば、これに勝る喜びはありません。

平成30年3月

税理士　熊王　征秀

目 次

第1章　永田町を斬る！
～二度にわたる増税延期の挙句に軽減税率制度
　　　　…この国はどうなっちゃってんの？

1. 諸外国の軽減税率制度
　　ドーナツのお買い上げ個数で税率が変わる？ ……………………2
2. ほんとにやるの？　軽減税率
　　酒と外食を除く飲食料品で決着！ ……………………6
3. スポーツ新聞は生活必需品なのか？
　　報道の歴史に汚点を残した日本新聞協会の醜態やいかに！ ………10
4. ○○の"活き造り"は軽減税率になるか？
　　生きた畜産物は標準税率、生きた魚は軽減税率… ……………………14
5. インボイスは本当に必要なのか(1)
　　免税事業者は廃業の憂き目に… ……………………18
6. インボイスは本当に必要なのか(2)
　　日本型インボイス制度とは？ ……………………22
7. インボイスは本当に必要なのか(3)
　　インボイス方式のメリット ……………………26
8. 今こそ租税教育を！
　　ゲスの極みの○○総理 ……………………30
9. 転嫁対策法って、なんだ？(1)
　　消費税還元セールが禁止に！ ……………………34
10. 転嫁対策法って、なんだ？(2)
　　競争原理の中で転嫁する！ ……………………38
11. 医療費のゼロ税率と輸出補助金制度
　　消費税は付加価値税にあらず！ ……………………42
12. 朝三暮四～衆議院の解散を受けて
　　日本国民よ大人になれ！ ……………………46

　消費税進化論!?①　ストップ条項って、なんだ？ ……………………52

第2章 課税区分トラブルを討つ！
～消費税のターゲットとなる取引とは？

1 契約と異なる不動産の賃貸
   居住用かどうかは契約書で判断する…？ …………………54

2 DFS
   観光立国実現に向けた政府の取り組みやいかに！ …………58

　消費税進化論!?② 物品税と消費税 …………………………62

第3章 納税義務者トラブルを撃つ！
～奇妙奇天烈！NO!?「税」義務者は誰だ？

1 新規開業の日って、いつなんだろう？
   届出書の提出期限は、財務省の策略？ ………………………64

2 届出書の履歴には、要注意！(1)
   決算期を変更した結果、とんでもないことに… ……………68

3 届出書の履歴には、要注意！(2)
   還付を受けるつもりが、思わぬ納税に… ……………………72

4 チェックマークって、なんだ？
   届出書に☑しなかっただけで大変なことに… ………………76

5 平成23年度改正による納税義務判定
   給与の支払額による判定もできる！ …………………………80

6 届出書の取り下げはできるか？
   課税事業者届出書（特定期間用）の効力は… …………………84

7 法人成りに注意する！
   決算期の変更は租税回避行為になるか？ ……………………88

8 合併法人の納税義務と仕入税額控除
   会社の合併には特例がある！ …………………………………92

9 グループ法人税制と消費税
   グループ法人間の売買でも消費税が課税される！ …………96

10 分割の確定と消費税の納税義務(1)
   相続財産が未分割の場合の相続人の納税義務はどうなる？ ………100

11 分割の確定と消費税の納税義務(2)
　　大阪国税局の文書回答は… ……………………………104

12 分割の確定と消費税の納税義務(3)
　　共有相続はどうなる？ ……………………………108

13 特定新規設立法人って、なんだ？(1)
　　新設の法人には複雑怪奇な納税義務判定が… ……………………………112

14 特定新規設立法人って、なんだ？(2)
　　内縁関係者や妾の持株も判定対象に… ……………………………116

15 新規設立法人って、なんだ？
　　新設法人、新規設立法人、特定新規設立法人？？？ ……………………………120

　消費税進化論!?③　単段階課税と多段階課税 ……………………………124

第4章　仕入税額控除トラブルを粉砕する！
～複雑怪奇！仕入税額控除制度

1 95％ルールの改正はココに注意！
　　みなさん個別対応方式の準備をしてますか？ ……………………………126

2 小規模関与先も影響アリ!?　95％ルールの改正
　　ゆくゆくは5億円の適用上限額も引き下げになる？ ……………………………129

3 非課税売上高が預金利子しかない場合の用途区分(1)
　　預金利子に対応する課税仕入れは存在しない？ ……………………………132

4 非課税売上高が預金利子しかない場合の用途区分(2)
　　国税庁のQ&Aで決着が… ……………………………136

5 リサイクル預託金
　　リサイクル預託金は損金処理ができる？ ……………………………140

6 課税売上割合に準ずる割合
　　有価証券の譲渡は適用除外です！ ……………………………144

7 社宅使用料収入の相殺
　　会計処理に関係なく消費税計算を… ……………………………148

8 原状回復費用の用途区分
　　原状回復費用は住宅家賃？ ……………………………152

9	用途未定の賃貸物件は、どうなる？	
	用途区分を判定するタイミングは…	156
10	土地造成費の用途区分は、どうなる？	
	土地の利用目的により用途区分を判断！	160
11	個別対応方式の適用要件	
	「区分をしていない場合」と「区分を誤った場合」の境界線は…	164
12	高額特定資産を取得した場合の特例(1)	
	高額特定資産と調整対象固定資産	168
13	高額特定資産を取得した場合の特例(2)	
	22年度改正法（旧3年縛り）は廃止すべきではないか？	172
14	アーカイブ～自販機作戦！	
	自販機作戦で国から借金？	176
15	高額特定資産の取得でも3年縛りがない？	
	届出書の履歴に注意する！	180
16	高額特定資産と事業者免税点の関係	
	個人事業者の事業用不動産の譲渡に注意！	184
17	旧3年縛りと新3年縛り	
	奇妙奇天烈な納税義務判定で実務は大混乱に！	188
18	造成土地は高額特定資産に該当するか？	
	土地造成費は付随費用？それとも資本的支出？	192
消費税進化論!?④	限界控除制度って、なんだ？	196

第5章　申告納付・国際電子商取引・
　　　その他のトラブルも撲滅する！
～消費税の落とし穴は税額計算だけではありません！

1	中間申告制度(1)	
	任意の中間申告制度とは？	198
2	中間申告制度(2)	
	任意の中間申告制度の改正の要望	202

3　国際電子商取引(1)
　　リバースチャージって、なんだ？ ……………………………………206

4　国際電子商取引(2)
　　登録国外事業者制度とは？ ……………………………………………210

5　リバースチャージと会計処理
　　これからの時代、インターネットなしに仕事はできません！ ……214

6　個人事業者の経理処理
　　所得区分と会計処理の関係は… ………………………………………218

7　期間短縮制度と届出書の提出期限
　　期間短縮制度により損害賠償事故を回避！ …………………………222

8　事務運営指針と中小企業対策
　　免税事業者にも過少申告加算税が…！ ………………………………226

9　罰則規定の強化
　　消費税の滞納防止に妙案はあるか？ …………………………………230

```
　　　　　　　　　　　　凡　例
　　本書では、かっこ内の法令等について、下記の略称を使用しています。
　　○消法……………………………………消費税法
　　○消令……………………………………消費税法施行令
　　○消基通…………………………………消費税法基本通達
　　○通則法…………………………………国税通則法
　　○法法……………………………………法人税法
　　○法令……………………………………法人税法施行令
　　○所令……………………………………所得税法施行令
　　［表記例］
　　・消法30⑧二………………………………消費税法第30条第8項第2号
　　　　・本書は、平成30年3月1日現在の法令等に基づいています。
```

第1章

永田町を斬る!
~二度にわたる増税延期の挙句に軽減税率制度
…この国はどうなっちゃってんの?

諸外国の軽減税率制度
ドーナツのお買い上げ個数で税率が変わる？

とある会社の経理部での会話です。

Aくん　テレビでニュースキャスターが言ってたんだけど、イギリスでは食料品が軽減税率どころかなんと非課税らしいんだ。これってすごいことだと思わないかい？

Bくん　（皮肉たっぷりに）何がそんなにすごいんだい？　こんなバカな制度を導入したことが「すごい！」というなら僕も賛成するけどね……。

Aくん　（ムッとしながら）税収が減少することが問題だと言いたいのかい？確かにその問題はあるけれども、中途半端に軽減税率なんかを適用しないで「非課税」にしたことが潔いと僕は思うんだ。

Bくん　（ため息をつきながら）君は本当に楽天家で羨ましいよ。そもそも「非課税」という呼び方からして根本的に間違っている！　イギリスの食料品は「非課税」じゃなくて「０％税率」と決められているんだよ。君はひょっとして「非課税」と「０％税率」の区別がついてないんじゃないのかな？

　０％税率とは

　ちょっと嫌味な言い方がシャクに障りますが、Bくんの言ってることは確かに正論です。「０％税率」とは、事実上輸出免税と同様の効果がありますので、ゼロ税率の売上げに対応する課税仕入れは全額が仕入税額控除の対象となります。したがって、食料品の売上げがゼロ税率であれば、販売店舗の家賃やラップなどの包装紙、その他の課税仕入れとなるひも付きの費用がすべて仕入税額控除の対象となりますので、相当数の食料品取扱業者は確定申告により消費税の還付を受けることになります。

　これに対し、非課税取引は、対応する課税仕入れが基本的に控除できません。したがって、控除できない消費税部分はコストとして事業者が負担

することとなり、免税取引やゼロ税率取引に比べて不利に作用することになるのです。

イギリスの消費税

　イギリスでは、消費税の標準税率は20％と定められています。ただし、AくんとBくんのお話にもありましたように、食料品については基本的にゼロ税率が適用されます。「食料品」とは販売用のものを指しますので、いわゆる店内飲食についてはゼロ税率は適用されません。そこで、喫茶店でサンドイッチを販売するようなケースでは、持帰り用か店内飲食かで適用税率が変わってくることになるそうです。

　サンドイッチを買うときに、「Take away（持帰り）」と店員に言えばゼロ税率、「Eat in（店内飲食）」と言えば20％税率になるとのことで、何ともまか不思議な制度になっているみたいです。「持帰り」と言ってゼロ税率でサンドイッチを購入し、店内のテーブルに腰掛けてサンドイッチを頬張ったらどうなるでしょう？　つい下らないことを考えてしまうのですが、実際には店員のレジの打ち間違いなどの細かなミスは日常茶飯事であり、みんなあまり気にしていないらしいのです。おおらかな国民性ということなのでしょうか（笑）。

　また、ハンバーガーのように注文により温めて販売するものは、たとえ持帰り用であっても20％税率を適用することとしているそうです。

ビスケットは食料品？

　イギリスの税制では、ビスケットやケーキは食料品としてゼロ税率になるのに対し、チョコレートは贅沢品として20％税率が適用されます。では、ここで読者の皆様に問題です。次の①から③の商品を持帰り販売する場合の適用税率は何％になりますか？

【問題】

① チョコレートでコーティングしたビスケット
② 中にチョコレートが入っているビスケット
③ チョコレートでコーティングしたケーキ
【解答】
①20%　②0％　③0％

　イギリスの消費税については、元財務副大臣の五十嵐文彦さんの「イギリス税制視察の報告／ファイナンス2012年11月号」を参考に記述したものです。このレポートによると、上記の変てこりんな解答の理由については、イギリス財務省の担当者でも、その実態をちゃんと説明することはできないそうです。

 ドイツのマクドナルドは…

　ドイツのマクドナルドでは、店内飲食用のハンバーガーは19％の標準税率が適用され、持ち帰り用のハンバーガーは7％の軽減税率となります。イギリスと異なり、ドイツでは店内飲食用と持ち帰り用のハンバーガーの値段は均一です。ハンバーガー屋さんが売上高の内訳を区分して、店内飲食分だけ割増で付加価値税を支払うことになるのです。お客さんにしてみれば、値段が均一であるからわかりやすいのは事実です。でも、軽減税率が低所得者の救済という視点から設けられているとしたならば、いったい誰のための軽減税率なのでしょうか？何のための軽減税率なのでしょうか？制度創設の必要性という視点からも、根本的に考え直さなければいけないように感じてしまいます。

 世界三大珍味

　世界三大珍味といえば、言わずと知れたトリュフ、キャビア、フォアグラです。
　このうち、トリュフとフォアグラは専らフランスが産地ですが、キャビ

アはロシア産が有名です。本来であればこれらの高級食材はすべて標準税率（20%）で課税すべきなのでしょうが、なぜかフランスではトリュフとフォアグラだけは5.5%の軽減税率が適用されています。おそらくは、国内農業を保護するための政策だと思われますが、ロシア産のキャビアだけが高級品で20％課税というのはいかがなものでしょう…。

　バターとマーガリンではどちらが高級品でしょうか？植物性脂肪だからという理由でマーガリンを好む人はいるとしても、当然にバターのほうが高級品です。でも、フランスでは酪農家を保護するために、あえてバターを軽減税率、マーガリンを標準税率で課税しているのです。トランス脂肪酸が含まれているから標準税率というわけではありません。

 ドーナツクラブ

　カナダでもイギリスと同様に食料品の販売は０％税率が適用されます。イギリスと異なるのは、持帰り用か店内飲食かの判断は、購入者の申告でなはく、販売数量で決定するということです。カナダでは、ドーナツの購入数量が５個以下の場合には、店内飲食として５％税率が適用されます。６個以上購入した場合には、持帰り用として０％税率が適用されるとのこと……。ドーナツのサイズにもよりますが、標準的なカナダ人はドーナツを一度に５個くらいは食べるということなのでしょうか？

　カナダでは、節税対策（？）として、赤の他人がお金を出し合い、共同でドーナツを購入するそうです。ドーナツを２個だけ欲しいときに、１人で買ったら消費税が５％課税されます。これを３人で２個ずつ買えば、ドーナツの購入数量は６個以上になり、消費税は０％になります。このような庶民が開発したシステム（？）のことを「にわかドーナツクラブ」と呼ぶようです。

ほんとにやるの？ 軽減税率
酒と外食を除く飲食料品で決着！

税理士仲間の会話です。

A税理士 新聞が軽減税率になるらしいけど、何で新聞が生活必需品なんだろう？

B税理士 定価1万円の豪華「幕の内弁当」も軽減税率だ。僕がお昼に食べている牛丼は標準税率なのに、納得いかないな…。

A税理士 M屋の自動券売機は、「店内」か「弁当」かを選ぶボタンがある。今後は店内で食べないで「弁当」を選べばテイクアウトとして軽減税率になるわけだから、値段も多少は安くなるんじゃないの？

B税理士 でも、店内で食べると無料で「味噌汁」が付いてくるんだよね…。テイクアウトだと味噌汁が付かないから、僕は一度もテイクアウトしたことがないんだ。消費税2％と味噌汁でどっちが得なんだろう…（真剣な表情で悩んでいる）。

 酒と外食を除く飲食料品で決着！

自民党と公明党の間では、消費税の軽減税率を巡る与党協議において、軽減税率対象品目の線引きで対立が続いていました。

自民党は、社会保障と税の一体改革の枠内で財源を調整するとして、財源を4,000億円までに抑え、対象品目を「生鮮食品」に絞るよう主張していたのに対し、公明党は、財源の根拠も示さぬままに、対象品目を「加工食品」まで広げるよう求めていました。結果、与党協議はいつまでたっても折り合いがつかず、平行線をたどっていたのです。

その後、自民党と公明党の協議は幹事長レベルに格上げされ、自民党の谷垣元幹事長は、首相官邸からの強い意向を受けて公明党の主張を大筋で受け入れ、対象品目に「加工食品」まで加えることを了承したのです。

野党時代の自民党総裁、元財務大臣であり、税理士でもある谷垣さんは、

総合合算制度(注)の取りやめなどで捻出できる財源4、000億円の枠内で軽減税率制度の導入による減収額を賄うよう、安倍さんから指示されていました。総理大臣の指示に従い、死にものぐるいで頑張っていたところへ、土壇場になってからのまさかの官邸の裏切り行為です。谷垣さんの胸中や察してあまりあるところです。

(注) 総合合算制度とは、世帯ごとの医療や子育てなどの費用負担に上限を設け、公費で支援する仕組みです。

なお、谷垣さんは大詰めの協議において、「加工食品」と「外食」の線引きがあいまいであることを理由に、対象範囲を「酒類を除く飲食料品」とすることを提案しましたが、これは安倍総理に対する谷垣さんの意趣返し、せめてもの抵抗だったのだろうと感じています。また、首相官邸と公明党による理不尽な政治決着により、思わぬとばっちりを食うことになった財務省や国税庁も気の毒としか言いようがありません。税制はとかく時代に翻弄されるものではありますが、首相官邸の傍若無人で独裁者的なやり方には強い憤りを感じています。

 宅配やテイクアウトは軽減税率に…

改正法によれば、飲食料品の譲渡のうち、一定の飲食設備のある場所等において行う食事の提供は軽減税率対象品目から除かれています。よって、外食産業は宅配やテイクアウトは軽減税率として、店内での飲食は標準税率として取り扱うことになるのです。

新聞記事や国税庁のQ&Aによれば、「フードコート」と呼ばれるショッピングモールや空港などでみかける共用の飲食スペースでの食事は標準税率になるようです。一方で、コンビニの「イートインコーナー」で持ち帰りのできる弁当などを食べたとしても、お客さんが店内飲食の意思表示をしない限り、軽減税率でよいとのことです。「フードコート」と「イートインコーナー」の境界線はどこにあるのでしょうか…？ お祭りの屋台で販売している「たこ焼き」や「焼きそば」は軽減税率になるのに対し、椅子が用意されている屋台の「おでん」は標準税率になるみたいです。「立

ち食いソバ」はどうなるのでしょうか…丼を置くスペースがあるから標準税率になるような気もするのですが、椅子がないから軽減税率でもいいような気もしています…。

値段設定をどうする？

A税理士 イギリスではサンドイッチの値札が持ち帰り用と店内飲食用で別々に表示されているらしいけど、日本も同じような表示になるのかな？

B税理士 それはどうだろう…噂によるとドイツのマクドナルドでは、持ち帰り用と店内飲食用のハンバーガーの値段は均一にしているらしいんだ。値段が均一のほうが、お客さんにはわかり易いということなんだろうね。

A税理士 でも、軽減税率なのに値段が均一っておかしくないかい？　軽減税率を適用して値段を安くしないと低所得者対策にならないと思うんだけど…。

B税理士 確かにそうだよね…。でも、商品の値段というものは需給関係により決まるわけだから、軽減税率だから確実に安くなるとは限らないんじゃないの？

 有害図書の前に有害新聞の検討を！

与党税調の参考資料によれば、書籍や雑誌については「有害図書」を排除する仕組みを構築しながら、その取扱いを引き続き検討することとしているようですが、私には新聞を軽減税率にしたことに対する「詭弁」としか思えません。「有害図書」の問題よりも前に、まずは「有害新聞」の排除を検討すべきではないでしょうか？

ほんとにやるの？ 軽減税率

 世界一税率の高い国は？

　付加価値税の税率で世界最高峰はハンガリーの27％です。ただし、ハンガリーに限らず、EU諸国では軽減税率を採用している国が多いので、税率だけを比較してみてもあまり意味がありません。また、日本とハンガリーでは課税ベースとなる消費支出額も大きく異なりますので、EU諸国の付加価値税の税率は、あくまでも参考数値として認識する必要がありそうです。財務省資料を基に、税率が高い国から順番に並べてみると次のようになります。

第1位	ハンガリー	27％		イギリス	20％
第2位	デンマーク	25％		フランス	20％
〃	スウェーデン	25％		:	
〃	ノルウェー	25％		ドイツ	19％
〃	クロアチア	25％		:	
第3位	フィンランド	24％		台湾	5％
:				カナダ	5％

　ちなみに、カナダの税率は5％となっていますが、これは日本でいうところの国税（6.3％）に相当する税率です。カナダでは連邦税を採用している州が多いので、国税（GST）だけでなく、州税（PST）も認識する必要があるのです。例えば、首都バンクーバーのあるブリティッシュコロンビア州では、5％のGSTと7％のPSTが併用されていますので、実際の適用税率は日本よりも高いケースが多いのです。

酒と外食飲食料品で決着！

スポーツ新聞は生活必需品なのか？
報道の歴史に汚点を残した日本新聞協会の醜態やいかに！

A税理士 今更ながらの質問だけど、何で「スポーツ新聞」が軽減税率なんだ？

B税理士 改正法によると「定期購読契約が締結された新聞で一般社会的事実を掲載する週2回以上発行される新聞」が軽減税率の対象になるって書いてある。

A税理士 確かに、スポーツ新聞は毎日配達されてはいるけれど、「一般社会的事実を掲載する新聞」と呼ぶには無理があると思わないかい？「松○聖○が○○と不倫疑惑！」とか「○○満塁逆転本塁打！」なんていう大見出しがカラフルに一面を飾っている新聞を軽減税率にするのは世間が許さないでしょう。

B税理士 スポーツ新聞にだって政治や経済の記事が載ることもあるじゃないか。それに、スポーツ新聞は駅売用と宅配用で記事の内容を微妙に変えているみたいなんだ。

　　　駅売用の新聞は、宅配用よりも刺激的？な写真や記事が多く掲載されているけれども、宅配用は子供の目に触れてもいいように控えめな写真を掲載するようにしているらしい…だから駅売用は標準税率になるということさ（妙に自信満々で喋っている）。

A税理士 ひょっとして君はスポーツ新聞の購読料を必要経費にしてないかい？

 新聞は生活必需品なのか？

　軽減税率対象品目の線引きを巡るドタバタ劇は記憶に新しいところです。やっとこさ「酒と外食を除く飲食料品」で決着したと思ったら、最後の最後になってから、まさかの「新聞」の追加です。

　与党税制協議会の議論でも「新聞」については議題にすら挙がっていませんでした。勝手な想像ではありますが、おそらくは水面下で密約ができ

ていたのだろうと思います。

　飲食料品ですでに減収額は1兆円、相続税の税収の5割を超える規模の歳入が吹き飛ぶことになります。「1兆円も財源が減るんだから、ここで新聞を追加して300〜400億円増えたって…」という半ば開き直りの胸算用があったように思えてなりません。

　また、首相官邸としては、憲法改正のためには是が非でも公明党の協力を得なければなりません。また、マスコミに媚びを売っておかなければ内閣に批判的な報道をされかねません。さらに、国民の支持を得ることもできないという打算的な判断により、このような結末に至ったのでしょう…。

　国民と事業者を無視した永田町だけの理論です。あまりにも空しいと感じているのは、決して私だけではないと思います。

　軽減税率賛成が70％あまりという世論調査の結果を公表する前に、マスコミは軽減税率のデメリットについてまずは丁寧に国民に周知させる必要があります。

　それが報道機関の正しい職務です。業界に都合のいい情報だけを発信したのでは世論調査にはなりません。これぞ正に「世論操作」、「情報操作」ではないでしょうか？

　内閣とマスコミの蜜月なもたれあいの関係が今後も続くとしたならば、我々国民は新聞やテレビの報道を鵜呑みにするのは危険です。

　何が真実で何が正しい情報なのか、溢れかえる情報の精査が必要です。とあるテレビ局では、新聞業界に都合のいいことしか言わない御用聞きの大学教授や評論家をコメンテーターとしてテレビに出演させ、「新聞に軽減税率を！」と声高に発言させていました。

　こういう番組を見ていると本当に胸糞が悪くなります。こういう報道番組のせいで、真実を知らない国民が洗脳されてゆくのです。

不健全図書類とは？

A 税理士　新聞が軽減税率の対象になった理由だけど、「知る権利」とか「活字文化」という言葉が新聞に載ってみたいだね。

B 税理士　書籍や雑誌はどうなるの？

A税理士　与党税調の資料には、『「書籍・雑誌」については、その日常生活における意義、有害図書排除の仕組みの構築状況等を総合的に勘案しつつ、引き続き検討する。』という意味不明なことが書いてある。
B税理士　「有害図書」ってどんなもの？
A税理士　君がコンビニで買っているビニールで包装された雑誌のことだよ（笑）。

 諸外国における新聞の取扱いは？

　平成27年12月31日の日経新聞には、欧州における新聞への軽減税率が標準税率との比較表で掲載されています。
　ここで注意したいのは、欧州における軽減税率の対象取引は、日本とは比較にならないくらいにその数が多いということです。
　欧州では、食料品や新聞、雑誌のほか、水道光熱費や燃料代、医薬品や旅客運賃、ホテルの宿泊料など、相当な数の取引が軽減税率の対象になっています。
　なかにはスポーツ観戦や映画などについても軽減税率の対象としている国があるくらいです。
　新聞に掲載されている情報は誤りではありませんが、活字屋なだけあって、情報の載せ方は巧みです。ただ感心するばかりです。

	（標準税率）	（軽減税率）
イギリス	20%	0%
ベルギー	21%	0%
ノルウェー	25%	0%
フランス	20%	2.1%
スペイン	21%	4%
イタリア	22%	4%
ドイツ	19%	7%

スポーツ新聞は生活必需品なのか？

 宅配新聞の購読者は減少する！

　当たり前のことですが、消費税率の引上げに伴い、家計の収入金額が増加しない場合には、支出総額を増やすことができないため、消費の選別が行われることになります。

　ましてやテレビ放送やインターネットの普及により、情報は無尽蔵に無償で入手できる環境にあるわけですから、新聞に軽減税率を導入しても、消費税率の引上げに伴い、購読者数は今にも増して減少することはまず間違いないでしょう。不要なものは買わないのが、消費者心理というか、経済のいわば常識なのです。

　一昔前、生き残りのために恥も外聞もかなぐり捨て金融機関が組織再編を決断した時がありました。余計なお世話かもしれませんが、新聞社各位におかれましても、そろそろ合併や廃刊を検討すべき時期にきているのではないでしょうか？

報道をただ鵜呑みにしない！

○○の"活き造り"は軽減税率になるか？

生きた畜産物は標準税率、生きた魚は軽減税率…

税理士仲間の会話です。

税理士A 消費税率の10％への増税と軽減税率は中止になったんだよね？

税理士B 中止じゃない！2019年10月まで延期になったんだ。

税理士A 2015年10月からの予定が2017年4月に延期になって、これがもう一回延期になったってことかい？そうすると、2019年10月の増税も、景気が確実に上向かない限りはまたまた延期になる可能性もありそうだね？

税理士B あり得ない話じゃないと思う。安倍さんは2017年5月3日の憲法記念日にビデオメッセージで「2020年に新しい憲法を施行したい」と具体的な実施時期まで発表した。これから憲法改正に向けて国会は大騒ぎになるだろうけれども、憲法改正を実現するためには、国民受けの悪い消費税増税はもう一回延期する可能性が高いと思うんだ。

税理士A 傍若無人な北朝鮮の振る舞いが憲法改正論議の追い風になるという噂もあるみたいだね。森友事件にテロ等準備罪…何だか急に日本中がきな臭くなってきたみたいだ。

 財政再建はどうなった？

ご承知のように、日本の財政は正に危機的な状況にあります。歳入が歳出の半分弱、足りない分は国債の大量発行で帳尻をあわせ、延々と積み重ねた借金はとうとう2016年度で地方債を含めて1,000兆円を超えてしまいました。

この目も眩むような借金を解消すべく、プライマリーバランスの黒字化を目標に増税を決断したはずなのですが、いつの間にやら論点がすり替わり、今や目先の景気と選挙のためだけに議論がされているのが現状です。憲法改正のためならば、財政再建などはどうでもいいということなのでし

○○の"活き造り"は軽減税率になるか？

ょうか？

● 新しい申告書の雛形は…

税理士B そういえば、国税庁から軽減税率導入後の申告書や付表の雛形が公表されてるんだけど見たことあるかい？

税理士A 申告書は税務ソフトが勝手に作ってくれるんで僕はあまり気にしないことにしてるんだ。

税理士B （呆れながら）2015年度改正でリバースチャージが導入された時、消費税の申告書は「第二表」というのが新たにできたんだ。税率が10％になると工事の請負契約なんかは経過措置が適用されるんで、旧税率適用対象取引も区分して記載することになる。

「課税標準額」の内訳は、国内売上高（課税資産の譲渡等の対価の額）は3％・4％・6.3％・6.24％・7.8％、リバースチャージ（特定課税仕入れに係る支払対価の額）は6.3％と7.8％に区分して記載欄が設けられている。

税理士A 6.24％って何だ？8％の軽減税率のうち、国税部分は6.3％じゃないの？

税理士B 国税と地方消費税の配分割合が変わるんだよ。（嫌味たっぷりに）もう少し真面目に勉強したほうがいいんじゃないの？

 経過措置と軽減税率の関係は

ご承知のように、8％消費税率の内訳は、消費税（国税）が6.3％、地方消費税が1.7％で構成されています。したがって、2013年10月から2019年3月までに契約した請負工事などについて、2019年10月以降に完成引き渡しをする場合の適用税率も、経過措置により消費税（国税）は6.3％になります。

2019年10月から適用される標準税率10％の内訳は、消費税（国税）が7.8％、地方消費税が2.2％となっていますので、消費税（国税）と地方消費税の割合で、8％の軽減税率を振り分けたということです。

$$8\% \times \frac{7.8\%}{10\%} = 6.24\% \cdots 消費税の軽減税率$$

したがって、同じ8％の消費税率でも、経過措置適用対象取引の税率と軽減税率、さらにはリバースチャージの税率は区分して会計データに入力する必要があるのです。

● 飲食料品の範囲

税理士A 料理店が食材として野菜や生肉を仕入れた場合には、当然に軽減税率が適用されることになる。割烹料理店なんかでは生簀の魚をその場で調理して提供するけれど、生きた魚の売買も軽減税率になるのかな？

税理士B 確か国税庁のQ&Aでは、生きた畜産物の販売は標準税率になるけれども活魚は「食品」として軽減税率を適用していいことになっている。

税理士A 哺乳類はダメだけれども魚類はOKってことかい？

税理士B よくわかんないけれども、要はその場で生で食べることができるかどうかが判断基準になってるみたいだね。

税理士A なるほど…生食用の牛豚であれば軽減税率が適用できるということか…。

税理士B お前は本当に人間か？

国税庁 Q&A

　平成28年４月に公表された「消費税の軽減税率制度に関するQ&A（個別事例編）」の問２（生きた畜産物の販売）では、肉用牛、食用豚等の生きた家畜は、その販売の時点においては食用に供されるものではないことから「食品」には該当せず、標準税率が適用されることになっています。これに対し、問３（水産物の販売）では、活魚は「食品」に該当するため、熱帯魚などの観賞用の魚を除き、軽減税率を適用することとしています。

　なお、このQ&Aについては平成29年１月に改訂版が公表され、問２には肉用牛、食用豚の他に「食鳥」が追記されました。

　実にどうでもいいことですが、横浜桜木町の野毛の飲食街に「珍獣屋」という名称の料理店があり、ここのメニューにはラクダやカンガルーの肉をはじめ、唐揚げではワニの手、カエル、ヒヨコ、ウーパールーパー、オオグソクムシ、ゴキブリ、イモリなどのゲテモノがずらりと用意されています。

　Q&Aの粗捜しをするつもりは毛頭ありませんが、素朴な疑問としてヘビやカエル、ウーパールーパーなどを食用目的で売買しても、生食用（？）でない限りは標準税率の適用になるのでしょうか？ゲテモノ大好きな筆者としては、改訂版で鳥類を追記するなら、爬虫類や両生類も追記すべきではないかと思うのです…。

インボイスは本当に必要なのか(1)
免税事業者は廃業の憂き目に…

税理士仲間の会話です。

A税理士 軽減税率のおかげ（？）で、ついに日本もインボイスの時代になるんだね。

B税理士 インボイスの導入が2023年10月からだから、軽減税率が導入される2019年10月からは正味４年間の猶予がある。この４年間の間に準備をするということだ。

 区分記載請求書等保存方式

　2019年10月からの４年間は適格請求書（日本型インボイス）への移行期間として、区分記載請求書等の保存が仕入税額控除の要件となります。現行法における記載事項に加え、新たに「軽減税率対象品目である旨」を帳簿及び請求書等に追記するとともに、「税率ごとの合計金額」を請求書等に記載することが義務付けられました。

　なお、請求書等に上記の事項が記載されていない場合には、４年間の移行期間に限り、書類の交付を受ける事業者が追記することも認めることとしています。

　よって、記載事項に瑕疵がある請求書等を受け取ったとしても、仕入先に再発行をお願いする必要はありません。要は４年間に限り、合法的に書類の改竄ができるということです（笑）。

免税事業者からの仕入れはどうなる?

A 税理士 2023年10月から日本型インボイス制度がスタートするわけだけど、免税事業者は今後どうなっちゃうんだろう…。

B 税理士 2023年9月までの移行期間はいいとして、問題はそのあとだ。免税事業者から商品を仕入れても仕入税額控除ができないわけだから、必然的に免税事業者は取引から除外されることになる。結果、免税事業者は廃業するか課税事業者になるかを選択しなければならないということだ。

A 税理士 要するに、免税事業者は4年間の移行期間中に「身の振り方を決断しろ!」ということだね。

 経過措置があります!

　インボイスは適格請求書発行事業者でなければ交付することができません。そこで、2023年10月から2029年3月までの6年間で、段階的に仕入税額を削減することとしました。

　まず、2023年10月から2026年9月までの3年間は仕入税額の80%、次に2026年10月から2029年9月までの3年間で仕入税額の50%相当額を控除します。2029年10月からは、インボイスがない限り、原則として仕入税額控除は認められません。

零細企業は廃業の憂き目に…

A 税理士 この経過措置はどんな意味があるんだろう…。免税事業者は課税事業者を選択しない限りは適格請求書発行事業者になれないわけだから、この経過措置は免税事業者の救済措置ではないみたいだね。

B 税理士 仕入先に免税事業者が多数あるような事業者は、仕入先に課税選択を強要しない限りは仕入税額控除ができないことになる。そこで、激変的に税負担が増えないように、段階的に控除税額を減らしながら、仕入先との価格交渉などを模索させるということじゃないのかな。

A税理士　零細企業は取引先と価格交渉なんかできないんだよ！取引先からインボイスの発行を強要され、課税事業者を選択したはいいものの、結局は納税できなくてどこもみんな潰れていってしまうんだ…。

B税理士　何もそんなに悲観的に考えなくてもいいんじゃないの？

A税理士　君みたいに優良な顧問先ばかりを抱えている人には所詮分からないだろうけど、僕みたいに関与先が免税事業者ばかりのところは大変なんだ。僕自身だって収入が減って死活問題になるかもしれない…。

B税理士　そういえば君は確か消費税の免税事業者だったよね？顧問料に消費税上乗せしてるんだったら課税事業者を選択しないと顧問先に失礼だと思うよ。

A税理士　君にそんなことを言われる筋合いはないだろう（怒）。誰に何と言われようが課税事業者なんか絶対に選択するもんか！

 インボイスは本当に必要なのか？

　A先生が危惧するように、インボイス制度の導入で課税事業者の選択を余儀なくされる小規模事業者は決して少なくないと思います。しかしその一方で、免税事業者が自らの売値に消費税を転嫁してきたこともまた事実です。

　免税事業者は仕入税額控除ができません。したがって、免税事業者だからといって、取扱商品の価格設定に当たり、消費税を全く考慮しないというわけにもいきません。

　法令に明文規定はないものの、実務の世界では、免税事業者が売値に消費税を転嫁することがいわば暗黙の了解で認められています。「仕入れに課された消費税の概算値を売値に転嫁している？」という怪しい理屈の基に、実務では価格設定がされているようです。

　日本の消費税は、累積排除型の多段階課税方式を採用しており、最終消費者の負担する消費税は、各流通過程にいる事業者が分担して納税するシステムになっています。取引の中間に免税事業者が介在した場合には、そこで税の連鎖が断ち切れてしまいますので、免税事業者からの仕入れが控除できないということは、消費税のしくみから考えた場合、ある意味当然

のことなのです。
　一方で、インボイスの導入は中小企業の事務負担を増加させ、零細企業の実収入を減少させることもまた事実です。
　反論があるのを承知の上であえて書きますが、インボイス制度の導入は、日本の消費税を正しい課税方式に修正しようとするものです。よって、頭ごなしに導入に反対することについて、個人的には強い違和感があります。マイナンバー制度の導入と同様に、インフラ整備として前向きに検討すべきではないかと思うのですが、読者の皆さんはどのようにお考えでしょうか？

日本にもついにインボイスが到来！

インボイスは本当に必要なのか(2)
日本型インボイス制度とは？

A税理士 前回のこのコーナーでクマオー先生が「インボイス導入に賛成」って書いてたけど、君はどう思う？

B税理士 （小さな声で）実は僕もインボイス制度は賛成なんだ。

A税理士 （呆れながら）中小零細企業はどうなってもいいってこと？

B税理士 いや…決してそういうわけじゃないんだけど、二桁税率になろうとしているときに、日本だけがいつまでもインボイスを使わないってのはどうかと思うんだ。動機（？）は不純だけれども、法整備のためにもインボイスの導入は必要じゃないのかな…。

 諸外国の現状は…

　多段階課税の付加価値税（売上税）を採用している国は、日本も含めると全部で159か国もあります（出所：IBFD: Overview of General Turnover Taxes and Tax Rates January2012）。このうち、EU域内における付加価値税の導入国は、EU付加価値税指令によりインボイス制度が義務付けられています。EU域外の国々はどうなのか…調べてはみたのですが、結局よく分かりませんでした。

● 日本型インボイス制度

A税理士 日本は四半世紀にわたってインボイスなしでやってこれたんだから、複数税率になったからといって無理にインボイスを導入する必要はないでしょう。現に消費税導入当初、普通乗用自動車の税率は6％と4.5％の時代があったんだから、現行の請求書等保存方式でも特段問題ないと思わないかい？

B税理士 食料品と雑貨を同時に仕入れたらどうやって適用税率を判断すれ

ばいいの？

A税理士　品目で判断できるでしょうが…領収書には品目を記載することになってるんだから、品目で判断して区分経理すれば何も問題ないハズだ。それとも君はスーパーで買い物をした時に、束子（タワシ）と鰯（イワシ）の区別もつかないのかい？

B税理士　インボイスと言うと大仰に聞こえるけれど、日本型インボイスの場合には、請求書に登録番号と税額を追記するだけなんだよ。そんなに神経質になる必要もないと思うけどね…。

 適格請求書とEU型インボイスの記載事項

改正消費税法によれば、適格請求書には次の事項を記載することが義務付けられています（消法57の4）。

① 適格請求書発行事業者の氏名（名称）・<u>登録番号</u>
② 譲渡等の年月日
③ 取引内容（<u>軽減税率対象取引についてはその旨</u>）
④ <u>税率別の</u>税抜（税込）金額<u>と適用税率</u>
⑤ <u>④の消費税額等</u>
⑥ 書類の受領者の氏名（名称）

（注）下線で示した箇所が追加で記載が義務付けられる事項です。

これに対し、EU型インボイスの場合には、上記①～⑥の事項だけでなく、顧客のVAT登録番号や前払金の受領日など、全部で15のアイテムを記載することが義務付けられています（西山由美「セミナー消費税の理論と課題」税理、平成25年11月号114～115頁）。

よって、B先生のおっしゃるように、「インボイス」という名称に妙な警戒心を抱く必要もないように感じているのですが…。

マージン課税制度

A税理士 免税事業者もさることながら、インボイス導入後は消費者からの仕入れも当然に仕入税額控除ができなくなる。質屋とか廃品回収業者はどうなるんだろう…。

B税理士 EUでは中古品販売業者などに配慮して、商品の税込売価から仕入価格を控除した粗利だけを課税標準とする「マージン課税」という制度があるらしい（税制協議会資料28頁）。

A税理士 改正消費税法には「マージン課税制度」についての記述はないみたいだ。

B税理士 マージンに課税するということは、いうなれば免税事業者や消費者からの仕入れについて、仕入税額控除を認めるということになる。税の転嫁を前提としている消費税のしくみからみると問題はあるものの、検討の価値はあるかもしれないね。

適格請求書が不要なケース

改正消費税法では、電車やバスの運賃などは適格請求書の保存が不要とされていますので、一定の事項が記載された帳簿のみの保存により、仕入税額控除が認められます。

また、質屋や廃品回収業者が不特定多数の者から質草やスクラップなどを購入した場合などについても、その対価に消費税は課税されていないものの、仕入税額控除を認めることとしています。結果、適格請求書が導入された後においても、EUにおけるマージン課税制度と同じような効果が生ずることになるのです。

免税事業者を保護する必要はあるか？

　中小零細企業への課税強化は、地方経済や雇用維持に悪影響をもたらします。法人税における中小企業特例などは、経済の活性化のためにも当然に必要なものであり、中小企業への外形標準課税の適用などは論外です！

　ただ、インボイス制度への反対論が、免税事業者を保護するためだけに論じられているとするといかがなものでしょう…。

　免税事業者の取引排除の問題は、課税事業者を選択すれば解決するものであり、中小零細企業の優遇制度とは本質的に異なるように思えます。取引の流通過程に介在するあらかたの免税事業者は、取引先から消費税相当額を収受しているにも関わらず、これを納税していません。課税選択をして納税することに何の問題があるのでしょうか？

　「実収入が減ってしまう」というのは結果論ではないでしょうか？今まで貰い得をしてきたわけですから、これが本来の姿に戻るのだと考えてはいけないのでしょうか？

　消費税導入時には、課税売上高が免税点以下の事業者は「限界控除制度」により結果として納税額がゼロになっていました。これが改正により段階的に縮小されていったわけですが、この時には昨今のような反対論はなかったように記憶しています。

　いずれにせよ、免税事業者の取引排除を理由としたインボイス反対論には、個人的には賛成することはできません。

日本型インボイスはどうなる!?

インボイスは本当に必要なのか(3)
インボイス方式のメリット

A 税理士 今更ながらに疑問に思うんだけど、消費税を導入する際に、なんでインボイス制度を採用しなかったんだろう？

B 税理士 クマオー先生は「間接税今昔物語」という速報税理の連載記事で<u>売上税の失敗が原因</u>と書いていたような気がするんだけど、詳しいことはよく覚えてないんだよ。
　　　　　　どちらかというとオマケで連載していた「講演紀」のほうが面白くって…。

　一般消費税と売上税

　日本の消費税は、なぜ、<u>インボイス制度を採用しなかったのか？</u>という先生方の疑問についてお答えしたいのですが、その前に、まずは日本における大型間接税の導入に関する歴史を見ておきたいと思います。

　大型間接税の導入論議を振り返ってみると、古くは昭和54年の大平内閣における一般消費税があります。この一般消費税は、消費税と同じ累積排除型の多段階課税方式を予定していました。法律案要綱こそ決定されなかったものの、日本では初めての試みです。また、仕入控除税額の計算方法についてはインボイス方式によらず、帳簿上の仕入金額から控除税額を算出することとしていたところから、消費税ときわめて類似する計算方法を予定していたことになります。

　一般消費税の次に議論されたのが、昭和62年の中曽根内閣における売上税です。一般消費税との決定的な違いは仕入税額控除の手法にありました。税制調査会では、インボイスを採用しなかったことが国民の理解を得られず、結果として一般消費税が実現しなかったものと結論付け、売上税ではインボイス方式によることを前提として法案を国会に上程したのです（「DHC コンメンタール消費税法」第一法規、8167頁）。

では、なぜ竹下内閣において実現した消費税では、インボイス方式を採用しなかったのでしょうか…以下、クマオーの勝手な想像という前提でお読みください。

 売上税の事業者免税点は１億円！

消費税でインボイス方式を採用しなかった理由ですが、私は売上税の導入に失敗した教訓があったのではないかと考えています。

売上税の事業者免税点は何と！１億円に設定されていました。この異常なほど高額な免税点により、全事業者数のおよそ87％が免税事業者になることができたのです（山本守之著『これが売上税だ！』より「昭和58年度ベースでの試算数値」日本法令、47頁）。

しかし、免税事業者だからといって悠長に構えていると、得意先から取引を拒まれるようなことにもなりかねません。なぜならば、免税事業者はインボイスの発行ができないからです。

課税売上高の規模（年商）が１億円以下の小規模事業者が商売を続けていくためには、課税事業者を選択してインボイスを発行する権利を取得するか、売上税相当額を値引きして、同業他社よりも安価で商品やサービスの提供をするしかありません。そこで、このような小規模事業者が課税事業者を選択する場合には、簡易課税制度による仕入控除税額の計算が認められていたのです。

 簡易課税制度の適用上限額も１億円？

ご承知なように、現行の消費税法における事業者免税点は1,000万円、簡易課税の適用上限額は5,000万円と規定されています。参考までに、消費税の導入当初を見てみますと、事業者免税点が3,000万円となっていたのに対し、簡易課税の適用上限額は何と５億円に設定されていました。

課税売上高が免税点以下の事業者は、設備投資の予定などがあり、還付

が見込めるような状態にでもない限りは課税事業者を選択することなどあろうはずがありません。何もしなければ納税する必要はないわけですから、あえて簡易課税を選択し、納税することなど常識的に考えてみてもあり得ないことです。

　しかし、これが売上税になると話は違ってきます。最終消費者を顧客とするならいざ知らず、取引の流通過程にいる生産業者や下請業者などは、免税事業者のままでいるとインボイスの発行ができません。結果、競争力を維持するために、否応なく課税事業者を選択せざるを得ないことになるのです。

　簡易課税制度とは、実額計算が困難な中小事業者が、売上高から仕入控除税額を見積計算することを認める制度です。常識的に考えてみても、事業者免税点よりも簡易課税の適用上限額のほうが大きいのが当たり前です。

　しかし、売上税はこの事業者免税点と簡易課税の適用上限額が同額の１億円に設定されていました？？？…そのカラクリは、ズバリ！インボイス制度に隠されていたのです。

　事業者免税点を１億円という非常識なまでの高額に設定し、さも「あらかたの事業者は納税義務がないですよ！」とＰＲしておきながら、心の底では「課税事業者を選択しないと生き残れないんだよ。倒産したくなかったら課税選択をしなさい！その代わり、可哀想だから簡易課税の選択を認めてやりましょう。」と…これが当時の永田町と霞が関の本音ではないかと思うのです。

　正に詐欺のような税法です。あまりにも国民をバカにした法律だと感じるのは、決して筆者だけではないでしょう。廃案になって当然の悪法ではないでしょうか。

インボイス方式のメリット

　インボイス方式については、免税事業者の価格設定や事務負担の増加という問題点はあるものの、免税事業者や消費者からの仕入れを仕入税額控除の計算から除外することができるという益税排除の効果があることもまた事実です。

　免税事業者に対する外注費などを仕入税額控除の計算に取り込んで、合法的に節税を図ろうとする動きなどがあり、実務の現場で問題となっています。

　特定期間中の課税売上高等による納税義務の判定や特定新規設立法人の事業者免税点制度の不適用制度の創設は、免税点制度を利用した租税回避行為などを牽制することが目的なのですが、問題の本質的な解決にはなっていないのが現状です。

　このような問題は、インボイスを導入すれば全て解決することができます。適格請求書の導入をきっかけに、今後の改正でこれらの鬱陶しい条文が削除されることに期待したいと思います。

今こそ租税教育を！
ゲスの極みの○○総理

とある新聞社の記者仲間の会話です。

記者A 消費税の再増税の延期なんだけど、2年半という中途半端な期間は一体何を根拠に決まったんだろう？

記者B 安倍さんは記者会見で「景気が回復する最適のタイミング」と説明していたみたいだけど、これは表向きの理由なんだと思うよ。本音を言えば、2年間の延期だと2019年4月からの増税になる。そうすると、直後に統一地方選や参院選が控えているから今回の二の舞になりかねない。要は選挙を避けるための2年半の延長であって、党利党略以外の何物でもないわけだ。

記者A 安倍さんの自民党総裁の任期は、確か2018年9月までだったよね…ということは、任期中は消費税のことを気にせずに憲法改正に集中できるということだ（笑）

 海外の意見はどうか？

　消費税率の引き上げについては、内閣官房参与である本田悦朗氏と浜田宏一氏が共に再増税の再延期を提言していました。また、2016年5月18日の党首討論では、民進党の岡田元代表が再増税の再延期を2年間先送りするよう提言し、自民党の機制を制したような展開になっていました。

　海外の意見はどうかということですが、OECD（経済協力開発機構）のグリア事務総長は、財政への信用を確保するためにも2017年4月に引き上げるべきだという考えを示したほか、アメリカ・ハーバード大学のジョルゲンソン教授は、投資の喚起には、法人税減税の一方、消費税の増税が必要であると主張しています。

　これに対し、ノーベル経済学賞を受賞したスティグリッツ氏とクルーグマン氏は、積極的な財政出動を行うとともに引き上げは避けるべきだとい

う考えを示し、再増税に対する意見は完全に対立した状態になっていました。

恥をさらした伊勢志摩サミット

記者A 安倍さんは主要7カ国（G7）首脳会議（伊勢志摩サミット）で、「世界経済はリーマン・ショック前に似ている」と発言して、各国首脳に財政政策などの強化を呼びかけたけれども、結局のところ、誰も同調してくれなかったみたいだね。

記者B 安倍さんは「リーマン・ショック級の大不況か東日本大震災レベルの災害が起きない限り必ず消費増税を実行する」って言っていた。各国の首脳から「リーマン・ショックのような状況だ」という言質をとった上で、増税延期を正式に発表したかったんだけれども思惑どおりにはいかなかったということさ。

記者A 安倍さんの発言に対し、イギリスのキャメロン前首相は「危機ではない」と反論したと報じられている。各国の報道機関でも「自国経済への不安を国民に訴える手段にG7を利用した」とか「あまりに芝居がかっている」などと酷評されたみたいだ。

記者B サミットで配布した資料には、都合のいいところだけ抽出したデータが載っていたらしいじゃないか。しかも、全ての資料に「リーマン・ショック」という言葉がちりばめられているという念の入れようだ。

記者A この稚拙な資料はどんな奴が作ったんだろう…首相秘書官あたりかな？

記者B 安倍さんはアベノミクスの失敗を取り繕うために、また、増税延期の口実のために、あろうことか世界の指導者たちを利用しようと企んだのさ。これがうまくいかなかったもんだから、今度は「新しい判断だ！」と言って開き直る無節操…。こんなのが日本のトップかと思うと情けなくて涙が出るよ。

記者A 情けないといえば、海外で妙な発言をしたり、意味もなく土下座してみたりしている宇宙人のような奴がいるけれども、あの人も確か元総理大臣だったよね（笑）

"ゲスの極み"の政治状況

　ここ近年における日本の政治家の質の低下は目に余るものがあります。金色夜叉の宮じゃないけれども、与党も野党も目先の選挙に目が眩み、将来のことなど誰も何も考えてないように思えてなりません。次世代なんかどうなってもいいということなのでしょうか？今が良ければそれでいいということなのでしょうか？憲法改正さえできればそれでいいのでしょうか？暗澹たる思いがしているのは決して筆者だけではないと思います。

　ご承知なように、日本の財政は正に危機的な状況にあります。歳入が歳出の半分弱、足りない分は国債の大量発行で帳尻をあわせ、延々と積み重ねた借金はとうとう2016年度で1,200兆円を超えてしまいました。

　この目も眩むような借金は全て次世代へのツケとなるのです。このままでは年金給付もままなりません。ハイパーインフレを招きかねない事態です。ギリシャを見ても分かるように、景気が減速してからの増税は財政再建に逆効果となります。

　風邪をこじらせて肺炎になってからあわてて治療したのでは手遅れなのです。なぜそんな当たり前のことが分からないのでしょうか？正に、"ゲスの極み"の政治状況です。

 ### 今こそ租税教育を！

　安倍さんの再増税再延期の記者会見が行われた直後の世論調査では、消費税増税に反対する国民がほぼ半数の49％を占めたそうです。当たり前のことですが、誰でも税金の負担は少ないほうがいいに決まってます。買物をする時の商品の値段は安いほうがいいに決まってます。でも、当たり前のことながら、税金が無ければ国家は成り立たず、国民生活も成り立たないのです。このことをどの程度の国民が理解しているのでしょうか？

　税金は払いたくないけど社会保障はしてほしい。道路や公共施設も整備してほしい。治安が悪いのも嫌だ。こんなワガママが通じるわけがありま

せん。にも関わらず、相当数の国民が、納税の必要性を理解していないというのが現実なのです。

　日本国民は総じて政治や税金に無関心です。働き盛りのサラリーマンで、年末調整の仕組みを理解している人が果たしてどの程度いるのでしょう？

　因数分解や歴史の勉強も大切ですが、義務教育の段階で、最低限、社会にでてから必要となる税金や社会保険の知識は身に着けておく必要があります。でないと、この先どんな酷い目に遭うか分かったものではありません。税金や社会保障の仕組みを理解すれば、おのずと政治に対しても関心が向くはずです。

　税理士会が中心となって、今以上に、租税教育を充実させなければいけない時代なのだと痛切に感じています。

租税教育の重要性がより高まっている！

転嫁対策法って、なんだ？(1)
消費税還元セールが禁止に！

とある小売量販店の経理部での会話です。

Aくん　「転嫁対策法」というのは、巷でよくやる「消費税還元セール」みたいなものが法律で禁止されるということなんだよね。

Bくん　どうもそれだけじゃないらしいんだ。僕も詳しいことはよく分からないんだけど、うちみたいな大手の量販店が納入業者に値引き要求することなんかも基本的に禁止になるらしい。

Aくん　そうすると、納入業者との価格交渉や販促キャンペーンのやり方なんかも考えておく必要がありそうだね。

 転嫁対策法のポイント

　いわゆる「転嫁対策法」が、平成25年6月5日の参院本会議で可決成立しました。この法律は、第1条において、消費税の円滑かつ適正な転嫁を確保することを目的として創設されたものであることが規定されていますが、その詳細については、政府からガイドライン等によって公表されています。

　したがって、公正取引委員会、消費者庁、財務省等からの情報をあわせて確認する必要がありそうです。

　なお、東京商工会議所が発行する冊子（「消費税の転嫁対策特別措置法5つのポイント」）では、転嫁対策法について、次のようにその骨子を整理してポイントを解説しています。要領よくコンパクトにまとまっていますので、ぜひご一読ください。

① 消費税の転嫁拒否等の行為（減額、買いたたき等）が禁止されます！
② 消費税に関連するような形での安売り宣伝や広告を行うことが禁止されます！
③ 「総額表示」義務が緩和され、「外税表示」が認められます！

転嫁対策法って、なんだ？(1)

④ 中小企業が共同で価格転嫁すること（転嫁カルテル）や、表示方法を統一すること（表示カルテル）が認められます！
⑤ 国民に対する広報、通報者の保護、態勢の整備は国等が責任をもって行います！

● 転嫁対策法は悪法か？

Aくん　「消費税還元セールの禁止」もそうだけど、商品の価格なんてものは購買者の需要や取引先との競争原理のなかで決定されるわけだから、法律で禁止することは行き過ぎた規制じゃないかと思うんだ。

Bくん　僕もそう思う。納入業者には気の毒な気もするけれど、うちの会社だって決して暴利を貪っているワケじゃないからね。それを法律で規制するってことは、民間企業の取引に国が介入することになる。社会主義国家じゃあるまいし、価格統制は市場における自由競争の侵害だ！

Aくん　「転嫁対策法」が俎上にあがった当初にテレビニュースで見たけれども、イオンの岡田社長やユニクロ（ファーストリテイリング）の柳井社長なんかはカンカンに怒ってたみたいだね。「これでも先進国か！」とか「くだらない議論をするな！」とか凄まじい批判が吹き出して、法案が審議入りした頃には業界が大騒ぎになっていたらしいんだ。

● 消費税還元セールはどうなる？

Aくん　平成9年に消費税率が3％から5％に引上げになったよね。あのときはどこの小売業者も「消費税還元セール」を実施して売上げを伸ばしたらしいんだ。転嫁対策法の成立で、今後はこれができなくなったということだね。

Bくん　「消費税」という言葉を使わなければいいみたいだよ。2019年10月1日から消費税率が10％になるわけだから、例えば、「春の生活応援セール」とか「2％値下げ実施中」なんていう表示は「消費税」とはいってないからOKということさ。

Aくん　「2％値下げ実施中」っていうのはあからさまに消費税のことだと誰でもわかるわけだから、いくらなんでもこの表現はダメなんじゃないの？

35

禁止される表示方法とは

　「消費税の転嫁対策措置法5つのポイント」によれば、転嫁対策法では、次の3つの表示を禁止することとしているようです。
① 取引の相手方に消費税を転嫁していない旨の表示
② 取引の相手方が負担すべき消費税を対価の額から減ずる旨の表示であって、消費税との関連を明示しているもの
③ 消費税に関連して取引の相手方に経済上の利益を提供する旨の表示であって、②の表示に準ずるものとして内閣府令で定めるもの
　具体的には、「消費税は転嫁しません」「消費税は当店が負担しています」「消費税率上昇分値引きします」などの表示のほか、「消費税相当分、次回の購入に利用できるポイントを付与します」といったようなものも禁止されています。
　なお、上記①〜③のような表示方法については、公正取引委員会から以前より景品表示法上問題となるおそれがある旨が警告されていました。今般成立した転嫁対策法では、これを念押しするような意味合いで、法律に明記したものと思われます。
　また、Bくんのいうように「消費税という言葉を使わなければ法律違反にはならない」という新聞報道なども一部であるようですが、このあたりの詳細については、ガイドライン等を確認してみても、特段明文化はされていないようです。
　何とも空しいというか、くだらない議論だと感じてしまうのは、決して筆者だけではないでしょう……。

転嫁対策法って、なんだ？(1)

 法律違反は取締りの対象になる！

　禁止されている違法な表示方法で広告宣伝を行った事業者に対しては、公正取引委員会などから指導や助言、勧告、公表などの取締りが行われます。したがって、違反行為が公表されることによる企業イメージや信用の低下を避けるためにも、法令を遵守すべきことはいうまでもありません。

　ただ、事業者のなかには違反を承知の上で、あえて「消費税還元セール」と銘打って喧嘩を仕掛けてくる強者もいると思うのです。その場合、消費者の反応はどうでしょう？

　それが新聞や雑誌などで話題となり、客寄せのPRに利用されるようなことも十分に考えられるのでは……。

「くだらない法律に反旗を翻し、消費者のために消費税還元セールを断行した！」などと騒がれて英雄扱いされるようなことにでもなったら、真面目に法令を遵守した事業者が浮かばれませんよね……。

転嫁対策法って、なんだ？(2)
競争原理の中で転嫁する！

Aくん　うちの会社（大手小売店）と納入業者との取引は外税決済になっているけれども、噂によると○○協会の傘下にある小売店の場合には、納入業者との取引が内税決済になってるみたいだね。

Bくん　平成16年の総額表示義務の創設時に決済方法を変更したという話を聞いたことがある。以来、納入業者は大手小売店の値引きキャンペーンがあると、「コストの削減をしたいのでお知恵を拝借したい」とかいわれるらしいんだ。これって暗に値引きを要求されているということだよね。

Aくん　ヨーロッパでは、商品の値札には総額表示が義務付けられているものの、事業者間取引は外税決済が当たり前になっていると聞いたことがある。したがって、消費税率が上がったからといって、納入業者の利益が減少する心配はないワケだ。

Bくん　内税決済になっている日本の納入業者は大変だね。大手小売業者とどうやって価格交渉をするんだろう……。

 税抜価格での交渉の拒否はできません！

　日本商工会議所が発行する「消費税の転嫁対策特別措置法5つのポイント」によれば、大規模小売事業者が、平成26年4月1日以後に納入業者から受ける商品又は役務の提供に関し、次の四つの行為を禁止しています。
① 減額又は買いたたき
② 消費税の引上げに応じることを条件に、大規模小売業者の商品の購入や役務の利用を強制する行為、又は不当な利益提供の強制
③ 税抜価格での交渉の拒否
④ 報復行為
　したがって、今まで内税決済で取引をしてきた納入業者であっても、税

抜単価で見積書を作成し、価格交渉をすることができることになります。例えば、2019年9月までの納入単価が1,000円（税込）の商品については、次のような価格を取引先に提示して値段交渉をすることができることになります。

　　1,000円×100／108≒925円
　　925円×納品数量×1.10＝決済金額

　ただ、物価というものは日々変動するわけですから、税率の引上げ当初は上記のような価格交渉ができたとしても、しばらく経ってから本体価格の値引きを要求されたような場合には、それが正当な理由に基づくものなのか、はたまた買いたたきによるものなのかの判断は、事実上難しいように感じています。

　また、取引先から転嫁拒否等の行為を受けた場合には、中小企業相談センター（日本商工会議所）や公正取引委員会事務総局などの専門相談窓口に相談することができますが、このような行為（告げ口）を理由に、取引を停止するなどの「報復行為」をすることも、転嫁対策法3条1項4号で禁止されています。どの程度の効果が期待できるのかは甚だ微妙なところではありますが、真面目に商売している事業者が泣き寝入りをするようなことのないように、各事業者はモラルをもって仕事をしてもらいたいと切に願っています。

● 総額表示義務が緩和される！

Aくん　転嫁対策法の成立で「外税表示」が復活することになった。うちの会社は外税表示に切り替えたけど、他社はどんな感じなんだろう…

Bくん　新聞記事によるとスーパーの8割が外税表示に値札を切り替えたみたいだね。本体価格が変わらないと、値ごろ感を維持することができるもんね。

外税表示の解禁とその条件

　転嫁対策法では、円滑な税の転嫁や値札の変更のための事務負担などに配慮して、2013年10月１日から2021年３月31日までの期間に限り、外税表示を解禁することとしました。これにより、総額表示制度の創設から禁止されていた次のような価格表示が認められることになります。

　　○○円（税抜）

　　○○円＋税

　　○○円＋○円（税）

　なお、外税表示のためには、消費者に対し、店内での表示価格が税込であると誤認されないようにしておくことが条件とされています。したがって、総額表示から外税表示に切り替える場合には、店内の目立つところにその旨を掲示するなどの配慮が必要です。転嫁対策法に規定されているからではなく、客商売として当然のことではないでしょうか。

　また、この外税表示の解禁は、期限付きの特例措置であるということも念頭に入れておく必要があります。

 競争原理の中で転嫁する！

　前述のように、外税表示を解禁することにより、値札の改訂作業が不要になるというメリットがあります。では、総額表示を義務付けているヨーロッパでは、税率改定の度に値札を一斉に張り替えているのかというと、実はそうではありません。

　フランスの場合には、税率の引上げが決定された時点から事業計画を立て、徐々に個々の商品の価格改定を行っていくそうです。つまり、税率の引上げ前に値上げをする商品もあれば、税率引上げ後も値段を据え置く商品もあるということです。

消費税の増税を価格に織り込んで、競争原理の中で転嫁するという考え方は万国共通のものです。総額表示が義務化された時のように、徹夜をして値札を張り替えるような勤勉(？)な国民は、どうやら日本人だけのようですね。そう考えると、外税表示の解禁という今回の措置は、どこか納得できないものを感じます。10年もの歳月をかけてやっとこさ定着させた総額表示制度をぶち壊してまで、外税表示を解禁する必要があったのでしょうか？

　消費税は、預り金的な性格はあるものの、断じて預り金ではありません！　たとえ値札に「消費税」と表示していても、それは価格の一部だと考えなければいけないのです。源泉税などとは根本的にその性格が異なるものだということを、しっかりと認識する必要があるように思います。

医療費のゼロ税率と輸出補助金制度
消費税は付加価値税にあらず！

　○○大学院で租税法の論文指導を受けているAくんとBくんは、医療費のゼロ税率の問題でなにやら意見交換をしているようです。

Aくん　日本医師会から診療報酬についてゼロ税率の要望がでているらしいけど、これってどういう意味なのかな？

Bくん　診療報酬は非課税なんで、医療機器などの設備投資に課された消費税は課税売上割合分しか控除できないことになる。そこで、診療報酬についてゼロ税率を適用することにより、輸出免税と同様に仕入税額の還付を受けたいということさ。

Aくん　ゼロ税率ということは、言ってみれば究極の軽減税率ということでしょ？日本医師会はゼロ税率で要望しておけば、5％〜8％程度の軽減税率を勝ち取ることができるという皮算用があるのかも知れないね（笑）

　非課税取引と仕入税額控除の関係

　非課税取引の最大の問題点は、仕入税額控除が制限されるということです。例えば、身体障害者用物品の製造業であれば、材料費や外注費に課された消費税は仕入税額控除の対象とならないため、控除対象外消費税（コスト）として事業者が負担することになります。結果、予定利益を確保するためには、たとえ非課税物品であっても売値に消費税を転嫁せざるを得ないことになるのです。

医療費のゼロ税率と輸出補助金制度

 医療業界の現状と課題

　保険診療報酬（非課税）は公定価格であることから、保険診療報酬は他の非課税取引とは異なり、仕入れに課された消費税の転嫁（値上げ）ができないという問題があります。

　保険診療報酬に対する消費税問題については、消費税導入時と2度の税率引き上げ時に診療報酬の改定が行われています。しかし、日本医師会では、その改定による上乗せが十分でないこと、医療機器などの設備投資に課された消費税の控除（還付）が受けられないことに対する改善策として、ゼロ税率の適用を要望しているのです。

　設備投資などに関する仕入税額控除の問題は、何も医療業界に限ったことではありません。不動産業者が賃貸用のマンションを取得した場合にもまったく同じ問題が生ずるわけですから、医療業界だけを特別優遇することはできないように思います。これらの問題は医療制度改革の中で解決すべきものであり、消費税の枠組みの中で調整しようとするのは筋違いではないでしょうか？設備投資に課される消費税の負担については、特別償却や税額控除などの方法で対処することなども、検討に値するものと思われます。

　社会保険料の国庫負担額は年々増加の一途をたどっています。このような状況を打破するためには、ゼロ税率の適用などという枝葉の議論をする前に、まずは過剰な診療を慎み、社会保険医療のシステムを様々な角度から根本的に見直すことが先決です。

● 輸出免税は大企業優遇の補助金制度？

Aくん　輸出免税制度は悪法だという意見があるんだけど知ってたかい？

Bくん　大手輸出業者が下請企業の外注費を叩いて消費税分だけ値引きさせ、完成品を輸出して消費税の還付を受けるのはけしからん！…ていう話でしょ？

　　　　外注費を叩くかどうかというのはあくまでも「値決め」の問題なんで

あって、輸出免税制度とは関係ないんじゃないのかな？

Aくん　負担してもいない仕入消費税額の還付を受けていることは紛れもない事実なわけだから、輸出免税は大企業優遇の補助金制度ってことにならないかい？

Bくん　……

国境税調整とは？

消費税は最終消費者の消費・使用という行為に担税力を求め、課税する税金です。最終消費者の負担する税金を、流通過程にいる事業者が分担して納税するというシステムになっているため、海外に資産を輸出する場合には、その前段階までに課された消費税を輸出業者に戻さなければ、日本の消費税が転嫁されたままの状態で相手国に輸出されることになります。結果、輸入時に相手国の税が累積課税されることによる国際間の二重課税という問題が生ずることになりますので、これを防ぐために「国境税調整」を図ることが、いわば国際慣行となっているのです。

消費税は付加価値税にあらず！

消費税は付加価値税であるとの前提で議論が交わされることが多いようですが、果たして消費税は付加価値税なのでしょうか？

付加価値税には、加算法と控除法がありますが、法人事業税で採用されている外形標準課税のように、人件費や利子などを基準に課税するのは加算法の一方式です。消費税に限らず、諸外国で採用されている多段階課税の間接税は、売上に課された税から仕入（仕入先の売上）に課された税を控除するものであり、売上高から支出（仕入高）を控除した付加価値に課税しているわけではありません。

東京税理士界の2013年4月1日号の論壇に「…フランスはシャウプが提唱した付加価値税の控除方式を利用し、輸出販売にゼロ税率を適用することによって実質的な輸出補助金を確保することに成功した…」との記述

医療費のゼロ税率と輸出補助金制度

がありますが、この記述の根拠はどこにあるのでしょう？筆者である湖東京至税理士の著書「消費税法の研究・信山社刊」を読み返してみたのですが、それらしき記述はありませんでした。

　また、最近の文献では、日本租税理論学会が編集する「租税理論研究業書27・財経詳報社刊」の114頁に、上記論壇と同趣旨の内容が掲載されています。この中で湖東氏は「…仕入税額控除方式は企業の付加価値を求める一方式であり、累積課税排除のためというのは後にとって付けた理由であると言っても言い過ぎではあるまい。」と発言しています。湖東氏は一体何を根拠にこのような荒唐無稽な結論を導き出したのでしょう…私にはさっぱり理解することができません。

　消費税は競争原理の中で転嫁するものです。大手輸出業者が下請企業を脅して買い叩き、消費税の還付を受けているというのは結果論に過ぎないのです。輸出免税制度を悪者扱いする前に、まずは転嫁対策特別措置法や下請法の整備を検討すべきではないでしょうか？

消費税は付加価値税にあらず！

朝三暮四〜衆議院の解散を受けて
日本国民よ大人になれ！

とある新聞社の記者仲間の会話です。

記者A 衆議院がまた解散した。前回の解散は消費税の増税延期について「国民に真意を問う」ということだったけれど、今回は、消費税の使途について、「国民に真意を問う」というテーマになっている。増収分のうち2兆円規模の財源を子育て支援や教育無償化に充てるらしいんだけど、どう考えてみても得票狙いの愚策としか思えないんだ。

記者B どちらも「消費税解散」という大義名分になってはいるけど、本音は全く違うみたいだね。「森友＆加計学園の疑惑隠し」とか、「野党＆新党が準備不足と見ての決断」とか、「憲法改正の足場固め」などなど、いろいろ取り沙汰されているようだけど、いずれにせよ、大義なき解散であることは間違いなさそうだ。

財政再建はどうなった？

　ご承知のように、日本の財政はまさに危機的な状況にあります。歳入が歳出の半分弱、足りない分は国債の大量発行で帳尻をあわせ、延々と積み重ねた借金はとうとう1,000兆円を超えてしまいました。
　この目も眩むような借金を解消すべく、プライマリーバランスの黒字化を目標にしていたのではないですか？
　毎年1兆円ずつ増加する社会保障費に充てるために、消費税の増税を決断したのではないですか？
　衆議院解散の真の目的は何だったのですか？
　…今回のドタバタ劇は、クマオーにはさっぱり理解ができません。

朝三暮四〜衆議院の解散を受けて

 消費税法1条の改正はあるか？

　消費税収の使途については、2012年の3党合意により、社会保障に充てることが決められています。これを受け、消費税法の1条に第2項が新設され、その使途については法律に明記されているところです。

　消費税増税による収入を子育て支援や教育費に充てるということは、広い意味での社会保障と言えなくもありません。ただ、この様な前例を設けてしまうと、今後間違いなく歳出の拡大に歯止めがかからなくなり、消費税法1条2項の趣旨が形骸化することが危惧されます。

　平成29年8月13日付の日経朝刊1面に、「大学授業料を出世払い？」という記事が掲載されています。おそらくは、この頃に安倍さんは消費税増税による収入の一部を教育費に充てることを思いついたのでしょう。そして、あろうことか自民党内で議論もしないままにいきなり選挙公約として発表したのです。これにより財政健全化目標は遥か彼方に遠のいて、日本は破滅に向かってひたすらに突き進むことになりました。

　目標としてきたPB（基礎的財政収支＝プライマリーバランス）の黒字化は絶望的です。PBの黒字化は財政状況が先進国で最悪水準である日本の国際公約だったはずです。PBに関する各国の信認が失墜しなければいいのですが…。

　2017年度の配偶者控除の改正に関するドタバタ劇もそうですが、筆者は度重なる安倍総理の独善的なやり方に強い憤りを感じています。民主主義国家である日本において、このような暴挙が許されていいのでしょうか？

　これぞ正に独裁政治ではないでしょうか？ロシア、中国、北朝鮮の指導者とどこが違うというのでしょう…。

● 呪われた消費税の歴史

記者A　消費税率がアップすると物価も上昇することになる。生活必需品の負担割合も必然的に高くなるわけだから、国民は当然に増税に反対するこ

とになるわけだ。

記者B 「呪われた税」と呼ばれるくらい、消費税は昔から国民の目の敵にされてきたからね。歴代の政権は財政再建を後回しにしたままで、消費税の呪いに触れないようにひたすらに安全運転を繰り返してきた結果、日本の財政状態はボロボロになってしまったということさ。

記者A その一方で、国民に見えづらい社会保険料については毎年着実に負担額を増加させているみたいだね。姑息というか、あまりにも卑怯なやり方だと思わないかい？

記者B 社会保険に加入してない中小企業には、社会保険庁から指導や立ち入り検査などが実施されているらしいんだ。「強制加入と脅されてもどうにもならない」って零細企業の社長が嘆いていたよ。

記者A 社会保険料は半額会社の負担だから、毎年負担額を増やされたらたまったもんじゃない。消費税の増税よりも負担額は大きいんじゃないのかな。

記者B 消費税は適正に価格転嫁さえできていれば、企業の利益が減ることはない。結局のところ、給料を増やさないことには消費税増税は厳しいということになるんだろうね。

 消費税と社会保険料の関係は…

　一昔前までは事実上野放し状態になっていた社会保険制度ですが、日本年金機構は国税庁の納税情報を基に社会保険未加入事業所をリストアップし、摘発することとしています。

　中小零細企業にしてみれば、法人税や消費税の負担よりも、この社会保険料の事業主負担のほうがはるかに辛いのです。結果、社会保険料の事業主負担額を確保するために給料を抑えざるを得なくなる。消費税をいくら据え置いても社会保険料を引き上げていけば給料は上がらず、消費は増えずに景気は良くならないと思うのです。

　日本国民は、消費税の増税には反対するけれども年金についてはあまり文句を言わずに払います。現役の時に年金を払っておかないと、老後に年金を貰えないという危機感があるからなのだと思います。しかし、この年

朝三暮四〜衆議院の解散を受けて

金ですが、果たして本当に貰うことができるのでしょうか？日本の財政状態を考えると、将来的には所得制限がされ、給付を受けられないような予感がするのです。年金は将来への積立金なのでしょうか？私には非常識なほどに高額な均等割に思えてなりません…。

● 北欧の税制に学ぶ

記者A 　以前、デンマーク大使館に取材に行ったことがあるんだけど、北欧の消費税率は軒並み25％なんだよね。これに加えて所得税や住民税も相当に高いみたいなんだ。

　　　　デンマークでは、収入に占める税金の割合が、平均値で45％くらいになるらしい。手取りが半分近くに減った上に、とどめに買い物をすると25％の消費税…よく誰も文句を言わないよね。

記者B 　雑誌で読んだことがあるんだけど、デンマークは世界幸福度ランキングで2位なんだよね（1位はノルウェー）。ちなみに日本は51位…この違いはどこにあるんだろう？

 国民の意識改革が必要！

　デンマークでは、教育や福祉には基本的にお金がかかりません。全て国が面倒をみてくれます。その代わり、日本とは比較にならないほどの税負担が義務付けられているのです。また、社会保障費を削減するために各家庭にホームドクターによる診療を義務付けています。微熱程度では薬を貰うことはできません。

　まずはホームドクターの診察を受け、必要な場合に限り、医師の診察を受けることができるのです。結果、国民の健康管理意識が向上し、医療費の抑制につながるという効果があるのです。

　参考までに、デンマークでは歯の治療費は驚くほど高いそうです。あまりにも高いので、旅費を使ってでも他国に治療に行った方が安上がりなこともあるそうで、こんなところにも、デンマーク国家の税に対する気質が伺えます。日本の政治家とはえらい違いです。

毎日飲みきれない量の薬を貰っている日本のご老人には、デンマーク人の感覚は理解できないのかもしれませんね。
　誰がこんなに日本人を薬漬けにしたのでしょう？　誰が黒幕なのでしょう？
　日本財政の現状に目を背け、このようなシステムを改善しようともしない人々には、デンマーク人の爪の垢でも煎じて呑んでもらった方がいいかもしれません。
　票のためだけに法律を作って無駄な金をばらまいている永田町の先生方には、北欧の気質は所詮分からないんでしょう…。自分たちの業界のことばかりを考えて、軽減税率の陳情合戦を繰り広げてきた日本○○協会や日本○○会の方々などは分かろうともしないのでしょう…。何とも空恐ろしい限りの現状です。

 投票に行きましたか？

　クマオーは数年前、日税連の公開研究討論会の取材のために、仲間とともにスウェーデン大使館とデンマーク大使館に取材に行きました。話を聞いていて驚いたのは、北欧の人々の政治に対する関心の高さです。
　スウェーデン大使館で聞いたところでは、選挙の際の投票率が少なくとも85％はあるそうです。日本では、2017年の衆議院選の投票率が53.68％で戦後二番目に低い投票率です。ちなみに、2014年の衆議院選の投票率は52.66％で戦後最低記録を更新したとのこと…まさに雲泥の差です！
　また、納税に対する考え方が、日本人と全く違うことにも驚かされました。スウェーデンでは納税のことを「第二のサイフ」と呼ぶそうです。つまり、いつかは自分に戻ってくる、貯金のようなものだと考えているのです。その代わり、使い方には厳しく目を光らせて徹底的に議論をする。成熟した国家なのだとつくづく感じました。
　これに比べて我が国はどうでしょう…。誰もがなるべく税金は払いたくないと考えています。「節税アドバイザー」なるものが暗躍している国です。けれども、払った後の税金の使い方には驚くほど無関心な日本人。「選

挙には行かない」「面倒くさい」「投票したって所詮何も変わらない」。読者の方々の中にも、投票に行かなかった人がいるんじゃないですか？

そろそろ我々日本人も、考え方を根本的に改めなければいけない時期に来ているのではないでしょうか。

他人事ではなく、国民一人一人が当事者意識を持って、政治と真剣に向き合う必要があるように思います。

 朝三暮四

中国の狙公（そこう）という人が手飼いのサルのエサを節約しようとして、サルに「トチの実を朝三つ、夕方に四つ与えよう」と言ったらサルは大いに怒ったそうな。そこで「朝に四つ、夕方三つにしよう」というと、サルはみな大喜びをした。…言わずと知れた「朝三暮四」の件です。

小池百合子率いる希望の党は、衆議院選の公約に「消費増税凍結」を掲げていましたが、この戦略は、国民をサルに見立てた愚挙と言わざるを得ません。安倍さんも小池さんも目先の得票のことだけ考えて、日本の将来のことなどまるで考えようとしていません。まったくもって嘆かわしい限りの政治状況です。

いつになったら日本国民が大人になり、目先の利益に左右されることなく、冷静に、将来を見据えた政治判断ができるようになるのでしょうか…。税理士界が中心となって、今以上に租税教育に注力すべき時代なのだと強く感じています。

消費税進化論!? ❶

ストップ条項って、なんだ？

　消費税率の引き上げを柱とする社会保障・税一体改革法は、紆余曲折の末、3党合意の基に平成24年8月10日に国会で可決成立しました。この時に、景気の回復が思わしくない場合には、消費税の税率引上げを先送りすることを条件とする景気弾力条項（いわゆる「ストップ条項」と呼ばれる改革法附則18条1項）が新たに設けられたのです。

> 社会保障の安定財源の確保等を図る税制の抜本的な改革を行うための消費税法の一部を改正する等の法律附則18条（消費税率の引上げに当たっての措置）
> 　消費税率の引上げに当たっては、経済状況を好転させることを条件として実施するため、物価は持続的に下落する状況からの脱却及び経済の活性化に向けて、平成23年度から平成32年度までの平均において名目の経済成長率で3％程度かつ実質の経済成長率で2％程度を目指した望ましい経済成長の在り方に早期に近づけるための総合的な施策の実施その他の必要な措置を講ずる。(第2項省略)

　このストップ条項を読んでいくと「平成23年から平成32年までの…」と規定されているのですが、実際問題として、平成32年までの経済成長率をどうやって予測するのでしょうか？永田町の先生方は、何を基準に「ストップ条項を発令しない」ことを判断するつもりだったのでしょうか？クマオーには、この附則18条の意味するところが分かりません。ただの気休めの法律としか思えないのです。
　安倍さんは、平成27年10月1日からの増税を延期する際、『国民に真意を問う』という大義名分のもとに衆議院を解散しました。この時には、『次なる延期はない！』と大見得を切ってストップ条項を削除したにもかかわらず、『リーマンショック級の大不況が迫っている』と大嘘をついて二度目の増税延期に踏み切ったという前科があるのです。こうなるともう何も信じられません。法律を作っても実行しなければ単なる絵に描いた餅ではないでしょうか…。

第 2 章

課税区分トラブルを討つ！

~消費税のターゲットとなる取引とは？

契約と異なる不動産の賃貸
居住用かどうかは契約書で判断する…？

　Aさんは D 社の企画する「不動産の賃貸経営セミナー」なるものに参加しています。講師をしている税理士は、不動産賃貸がいかに相続税対策になり、また、投資事業としてのメリットがあるかということを熱く語っていますが、A さんは今一つ話の内容が信用できません。そこで、気になることを講師に尋ねてみることにしました。

デメリットはないのか？

Aさん　不動産投資をすると、賃貸物件を建築するための借金を相続財産から控除することができるだけでなく、土地や建物の評価額が安くなって正にいいことずくめのようですが、デメリットとかは何もないんですか？

税理士　100％安全ということはありません。ただ、当初数年間は D 社がサブリース契約により家賃保証をしますので、元利金の返済が滞るようなことはありません。

Aさん　家賃保証の期間が終わった時点で空室だらけだったらどうなるんですか？空室があると「貸家建付地の減額？」とかいうのも適用されないんですよね？

税理士　当初の保証期間が終わったら再度協議して新家賃を決定することになっていますのでどうぞご安心ください。

Aさん　契約書のサンプルには「…甲乙協議のうえ決定…」としか書いてありませんが、もうちょっと具体的な金額を書き込んだ契約を結ぶことはできないんですか？最悪の場合でも、元利金の返済額くらいは保証してくれるんですよね？

税理士　（困ったような表情で）契約書の内容については私では詳しいことはわかりません。D 社の営業マンにお尋ねいただけないでしょうか…。

Aさん　建物を建築すると消費税が還付になるというお話でしたが、マンションの建築費でも還付を受けることができるんですか？

契約と異なる不動産の賃貸

税理士　それも今ここで具体的に申し上げることはできません。契約のご意志があるようでしたら改めて詳細なご説明をさせていただきたいと思います。

Aさん　…

消費税の還付スキームとは…

　他の人が質問している間にAさんはマンションの還付スキームについて考えました。

　『居住用の物件は家賃収入が非課税だから基本的に還付を受けることはできないと聞いている。…ということは、事務所用として賃貸募集をし、還付を受けてから居住用に用途変更するということなのだろうか。…でも、課税業務用から非課税業務用に用途変更をすると転用の税額調整の規定が適用されるので、この方法は使うことはできないハズだ（消法34）。…風の噂で怪しい還付スキームがあると聞いたことがあるけれど、いったいどんな手法なんだろう…。』

　Aさんは日頃から不動産投資や税金のことを勉強しているので、D社の考案する還付スキームが気になって仕方がありません。一方で、D社の還付スキームは「税務署に目を付けられている」という噂もあり、どことなく躊躇しているのも事実です。

契約と異なる不動産の賃貸

Aさん　住宅として賃貸した物件について、家主と賃借人の間で合意の上で事務所に用途変更した場合には、変更後の家賃は課税されることになりますか？

税理士　契約変更しない限りは非課税のままで大丈夫です。

Aさん　賃借人が勝手に事務所用に用途変更をした場合はどうでしょう？

税理士　契約変更をしない限りは課税区分は変わりません。よって、賃貸人は非課税の家賃収入となり、賃借人は仕入税額控除はできないことになります。

Aさん　実態は関係なく、あくまでも契約書主義で判断するということですね？

税理士　（自信なさそうに）そうなると…思います。

契約書主義で判断していいのか？

　住宅として契約した貸室について、当事者間で合意の上で契約変更をし、事務所用に用途変更した場合には、変更後の家賃は当然に課税されることになります。一方、住宅として契約した貸室について、契約変更を行わずに賃借人がこれを事務所として使用したとしても、賃借人側では家主に支払う賃借料を課税仕入とすることはできないこととされています（消基通6－13－8（注））。

　ところで、消費税法別表第一の十三号では、非課税となる住宅の貸付けについて、「…契約において人の居住の用に供することが明らかにされているものに限る…。」と定めています。人の居住の用に供することが明らかにされているかどうかは、契約書により判断することになるのでしょうが、この契約書の内容が「契約の事実」と異なるものであるならば、当然に「契約の事実」に基づき判断することになるのではないでしょうか？

　当事者間で合意はしているものの、契約変更を行わなかったということは、言うなれば、契約内容と異なった事項を契約書に表示しているに過ぎないということです。よって、契約変更はしていないものの、事務所として使用することについて当事者間で合意がされている場合には、事実上の契約変更がされているものとして、家主が収受する賃貸料は課税売上高となり、賃借人が支払う賃借料は課税仕入になるものと思われます。

契約と異なる不動産の賃貸

仕入税額控除の要件

　仕入税額控除の適用要件として、法定事項が記載された帳簿及び請求書等の保存が義務付けられています（消法30⑦）。家賃の振込などについては、通常、請求書等は発行されないため、振込金受取書等を建物賃貸借契約書とともに保存することにより、法定要件を具備する請求書等の保存があるものとして取り扱われています（DHC コンメンタール消費税法3317の4）。

　よって、本件家賃の支払いは、課税仕入れには該当するものの、契約書の変更が行われない限りは請求書等の保存要件を満たさないことになり、結果として仕入税額控除は認められないことになるものと思われます。

DFS
観光立国実現に向けた政府の取り組みやいかに！

とある会社の営業部での会話です。

Aくん　改正で化粧品やバッグなどのブランド品が安くなったらしいね。(嬉しそうに) さっそく彼女におねだりされちゃってさ…。

Bくん　輸出物品販売場制度の改正のことを言ってるの？　あれは外国人旅行者に土産物を売る場合の改正だから日本人には特段恩恵はないと思うんだけど…、それとも君の彼女は外国の人なのかい？

Aくん　輸出物品販売場制度は連年で改正があったみたいだね。

Bくん　「手続委託型輸出物品販売場制度」というのができたらしいんだ。要は外国人旅行者の買物の利便性をよくして、いっぱいお金を使ってもらいたいということだ（消令18の２、18の３）。あと、外航クルーズ船が日本の港に寄港するときに、港湾内に『臨時販売場を設置するための届出制度』というのが創設されている（消法８⑧）。日本にちょっとだけ寄港したクルーズ船の乗員にも「免税品を買ってもらいましょう」という作戦なわけだから、日本政府の商魂も相当に逞しいよね。

　輸出物品販売場制度の改正

輸出物品販売場（免税店）が外国人旅行者などの非居住者に対して土産物を販売する場合には、一定の手続きをすることにより、消費税が免除されます。免税対象物品は、帰国時に持ち帰ることを前提とした電化製品や洋服、バッグなどの生活用品に限定されており、酒などの飲食料品や化粧品などの消耗品については、これまでは免税対象物品からは除かれていました。

観光立国実現に向けた政府の取り組みにより、輸出物品販売場制度はここ数年間にわたり改正が行われました。その結果、非居住者に対する同一店舗における１日の販売額の合計が５千円から50万円までの範囲内であれ

ば、生活用品だけでなく、消耗品についても免税販売ができるようになったのです。

また、販売の都度、提出が義務付けられていた購入者誓約書については、輸出する旨を誓約する電磁的記録の提供によることができるなど、手続きの簡素化が図られています（消法8、消令18）。

サテライトショップはどうなる？

Aくん　免税店でお酒を買うと消費税だけじゃなくて酒税も免税になるんだよね？

Bくん　酒税はダメなんじゃないの？

Aくん　空港のサテライトショップで販売してるお酒やタバコは驚くほど値段が安いよね。これって消費税だけじゃなくて酒税やタバコ税も免税になってるんじゃないの？

輸出免税の対象となります！

国際空港などに設けられている「サテライトショップ」は輸出物品販売場とは取扱いが異なるものです。ただし、「サテライトショップ」で販売する物品は、購入した旅行者がその物品を携帯して輸出することが明らかですので、その「サテライトショップ」の経営者が、その販売した物品を輸出するものとして、輸出免税の規定を適用することが認められています（消基通7－2－21）。

こういった理由により、「サテライトショップ」では、消費税だけでなく、酒税などの税金も免除した価格で商品を販売することができるのです。

出国時に携帯する物品の取扱い

Aくん　もし僕が海外支店へ転勤することになったら、現地で使用するための生活用品を国内で調達することになる。そうすると、サテライトショップは基本的にお土産品しか売っていないから、必然的に国内のお店で電化製品や洋服などを購入しなければならない。僕は外国人じゃないから、輸出物品販売場制度の恩恵を受けられないということになると、なんか不公平な感じがしないかい？

Bくん　君は英語が喋れないから、海外転勤になることはまずないと僕は思うけどね。

救済措置があります！

　海外旅行等のため出国する者が、次の①又は②の用に供するための物品を輸出物品販売場で購入する場合には、輸出物品販売場の経営者が、その物品を輸出するものとして、輸出免税の規定を適用することが認められています（消基通7－2－20）。
① 　渡航先において贈答用に供するものとして出国の際に携帯する物品（1個当たりの対価の額が1万円を超えるものに限る）
② 　渡航先において2年以上使用し、若しくは消費するもの
　なお、この取扱いは、購入者が、上記①及び②に該当する物品であることを制約した書類を輸出物品販売場の経営者に提出し、税関長から交付された輸出証明書を保存する場合に限り、適用することとされています。

国内での消費はできるか？

Aくん　免税で購入した化粧品を旅行中に使っちゃったらどうなるんだろう…？

Bくん　日本で買い物をしてくれるなら大目にみてくれるんじゃないの？

お持ち帰りが条件です！

　輸出物品販売場における免税制度ですが、免税店（DFS）で非居住者に販売した商品は、購入した非居住者により国外に輸出され、最終的に国外で消費、使用されることから消費税を免除することとしたものです。したがって、たとえ消耗品が免税対象物品に追加されたとしても、当然に国内で消費することは認められません。

　観光庁のホームページ（消費税免税制度を活用した外国人旅行者の誘客について〜別紙１）では、消耗品の包装方法について、特殊なシールの貼付けによって、「袋」や「箱」を封印することを義務付けることとしています。

　また、免税対象物品は、当然のことながら出国の際に持ち帰ることが義務付けられています。国内での売買（横流し）には厳しい罰則規定が設けられていますので、くれぐれもご注意ください（消法8③〜⑤）。

国内での横流しはご法度だ。

消費税 進化論!? ❷

物品税と消費税

　消費税が導入される以前の昭和の時代には、消費税法に代わる税目として物品税法という法律がありました。ご承知のように、消費税はすべての消費支出に対し、幅広く負担を求めようとする趣旨で創設されたものです。ただし、銀行預金の利息や住宅家賃など、消費に馴染まない、あるいは政策的な配慮から課税することが適当でないものを非課税取引として列挙し、消費税を課さないこととしています。

　消費税とは対照的に、物品税は、宝石や自動車などの特定の贅沢品のみを課税物品としてリストアップし、これら以外のものは不課税物品として一切課税しないこととしていました。また、課税の対象となるものは「物品」に限定されていたことから、貸付けやサービスなどについては一切課税することができない、という課税上の問題があったのです。

　課税物品には、明らかに時代遅れと思われる電気ストーブなどが挙げられており、さらにはスポーツ用品でも「テニスラケット」は課税物品で、「スキー板」は不課税物品といったように、贅沢品の定義そのものが時代に馴染まない、あるいは矛盾を感じさせるような法律となっていました。

　スキー板は雪国では生活必需品であるという理由から、不課税物品とされていたのでしょうか…？

　物品税法にも、非課税の定義は設けられていました。例えば、昭和の時代に主流となっていた「レコード」ですが、これは当然に贅沢品であり、物品税が課税されていました。ただし、レコードであっても、童謡などについては別途非課税とする旨の規定が設けられていたのですが、ここで問題となったのが「童謡」の定義です。私が小学生の頃、皆川おさむの「黒猫のタンゴ」という歌が大流行しました。このレコードは歌謡曲ということで物品税が課税されたのに対し、子門真人の「およげ！たいやきくん」は童謡だから非課税とされたそうです（フリー百科事典 Wikipedia より）。

　私には、「黒猫」と「たいやき」の境界線が、わからないのですが…。

第3章

納税義務者トラブルを撃つ！

～奇妙奇天烈！ NO!?「税」義務者は誰だ？

新規開業の日って、いつなんだろう?

届出書の提出期限は、財務省の策略?

税理士仲間の会話です。

税理士A 顧問先の社長さんが貸店舗を新築して不動産賃貸業を始めるんだけれども、「課税事業者選択届出書」は建物が完成する年中に提出すればいいんだよね?

税理士B その社長さんは、給料の他に所得はあるのかな?

税理士A 貸駐車場の賃貸料収入が年間60万円程度あるけれど、あとは自分が経営している会社からの役員報酬だけなんだ。

税理士B その社長さんは貸駐車場を以前から賃貸しているんだよね…それって新規開業には該当しないんじゃないのかな?

税理士A (慌てながら)貸駐車場っていっても、月にたかが5万円程度の収入だよ。所得税の世界でも事業的規模には該当しないわけだし、この程度の収入があったからといって「新規開業」に該当しないってのはおかしいんじゃあないの?

 新規開業には、なりません!

　免税事業者が設備投資などについて消費税の還付を受けようとする場合には、原則として「課税事業者選択届出書」をその設備投資などがある課税期間が始まる前までに提出しなければなりません。ただし、新規開業に該当するような場合には、届出書を事前に提出することができませんので、個人事業者であれば、開業した年中に「課税事業者選択届出書」を提出すれば、その年から課税事業者となることが認められています(消法9④)。

　ところで、消費税法では「事業として」の意義について、「対価を得て行われる資産の譲渡及び貸付け、並びに役務の提供が反復、継続、独立して行われることをいう」と定めており、その「規模」については特に言及していません(消基通5-1-1)。

したがって、たとえ駐車場の賃貸による収入がわずかな金額であったとしても、以前から駐車場の賃貸を行っている限りは「新規開業」には該当しないことになるため、「課税事業者選択届出書」は建物が完成する年が始まる前までに提出する必要があります。
　所得税の世界では、個人事業者の事業が事業的規模で営まれている場合には、青色事業専従者給与などのさまざまな特典が認められているのですが、消費税の世界では、上記のようにその事業の規模については一切制限が設けられていないのです！

● 提出時期の制限は、財務省の策略？

税理士A　建物は既に完成して、賃貸も始めてしまっているんだけれども…還付を受けるための「必殺技」みたいなものが、なにかあるんじゃないのかな？

税理士B　（冷ややかに）100％無理ですな！

税理士A　（諦めきれない様子）そもそも「課税事業者選択届出書」の提出時期に制約があること自体が、俺はおかしいと思うんだ！
　　　　　新規開業だかなんだか知らないけれども、要は、還付を受けさせないようにするための財務省の策略じゃあないのか!?（いつの間にか言葉遣いが乱暴になっている。）

税理士B　（呆れながら）僕に文句を言ってみてもしょうがないでしょうが…。

 策略ではない、と思うのですが…

　消費税は、税の転嫁を予定している法律です。したがって、納税義務があるかないかということが事前に分かっていなければ、売り値に消費税を転嫁することができません。
　こういった理由から、納税義務判定に用いる基準期間については、個人事業者は前々年、法人は前々事業年度と定められていると考えられるのです。
　免税事業者が課税事業者を選択するということは、課税事業者になった

後の売上げについては消費税が課税されるわけですから、その事実を事前に把握しておかなければいけないことになります。そう考えると、「課税事業者選択届出書」の事前提出という要件は、むしろ当然のことのように思えるのです。

　いずれにせよ、B税理士さんには申し訳ないのですが、自分が失敗したことを理由に「策略」などという暴言を吐くことは、プロとして許されることではありません！　とても恥ずかしいことだと私は感じています。

 建物の引渡日が新規開業の日、ではない⁉

　新規開業の場合には、届出書の提出日の属する課税期間から課税事業者になることができるわけですが、この「新規開業」については、消費税法施行令20条1号において「事業者が国内において課税資産の譲渡等に係る事業を開始した日の属する課税期間」と定められています。

　例えば、居住用アパートを以前から賃貸している免税事業者が、新たに課税事業者を選択するような場合には、居住用アパートの賃貸は「非課税」であり、「課税資産の譲渡等」に該当しませんので、届出書を提出した日の属する課税期間から課税事業者となることができます。

　注意したいのは、「課税資産の譲渡等に係る事業を開始した日」というのは、「課税資産の譲渡等を開始した日」、つまり課税売上げが発生した日を意味するものではないということです。『DHC コンメンタール消費税法』（武田昌輔監修・第一法規）によれば、「事業に必要な事務所、店舗等の賃貸借契約の締結や資材、商品の仕入れなどの開業準備行為を行った日もこれに該当する」とされていますので、その翌期から課税事業者になろうとする場合には、これらの開業準備行為を行った日の属する課税期間中に「課税事業者選択届出書」を提出する必要があるということになります。

　そうすると、建物を新築する場合で、請負契約締結日と完成引渡日が年をまたぐような場合であれば、建物の完成引渡日の属する年は新規開業年には該当せず、その年中に「課税事業者選択届出書」を提出しても還付を受けることはできない、ということになってしまいます！

新規開業の日って、いつなんだろう？

　これは考えてみると非常に恐ろしいことです。こんな大切なこと（法令の解釈）が法令あるいは通達にさえ明文化されていないということは、本当に恐ろしいことだと思うのです。消費税法施行令20条１号の「…に係る事業を…」という文言からこれを読み取らなければいけないとしたならば、"税法条文というのはなんて難しいんだろう"と改めて考えさせられてしまうのです。

　ちなみに、「課税資産の譲渡等を開始した日」の解釈については、前述のように開業準備行為を行った日となる旨が、平成16年８月31日に東京高裁で判示され、その後においても、平成29年６月16日の裁決（裁決事例集 No.107）や平成24年６月21日の裁決（裁決事例集 No.87）において、同様の判断がされています。

　その一方で、新規開業でないにもかかわらず、建物が完成する年中に「課税事業者選択届出書」を提出し、何の疑いもなく、消費税の還付を受けたという事例も少なからずあるようです。

　税務署側で、法令の解釈について弾力的に運用してくれているのか？、はたまた単に気が付いていないだけなのか？…詳しい事情は分からないのですが…。

　いずれにしろ、「新規開業」の解釈については、上記のような問題点があるということは知っておかなければなりません。ストックオプションの例もあることですし、ある日突然、「これは新規開業年には該当しません」などという税務指導が一斉に行われないとも限りません。

　新規開業に該当しないということになれば、せっかくの還付金が、まさに「海の藻屑」と消えてしまうわけですから、消費税の還付申告については慎重なくらい慎重に判断をする必要があるように感じているところです。

届出書の履歴には、要注意！(1)
決算期を変更した結果、とんでもないことに…

お茶の製造販売業を営んでいるK社の決算期の変更に関するトラブルです。

K社は12月決算法人だったのですが、12月決算だと申告業務が繁忙期である2月と重なってしまいます。そこで、顧問税理士であるAさんは、K社の社長さんに相談した上で、2年ほど前に決算期を1月に変更してもらいました。

● 基準期間は、いつになる？

A税理士さんは、当課税期間である平成x3年2月1日から平成x4年1月31日事業年度の申告書を作成している途中で考え込んでしまいました。というのも、「基準期間の課税売上高」の欄を埋めようとしたときに、基準期間がいつになるかが、わからなくなったからです。

事業年度が1年サイクルで回転している場合には、基準期間は単純に前々事業年度で問題はないのですが、K社の場合には、平成x2年の1月に決算期を変更していますので、前々事業年度は平成x2年の1月1日から1月31日までの1か月しかありません。

仕方がないので条文を読んでみると、消費税法2条1項14号にこんな定義がありました。

「十四　基準期間　…法人についてはその事業年度の前々事業年度（当該前々事業年度が1年未満である法人については、その事業年度開始の日の2年前の日の前日から同日以後1年を経過する日までの間に開始した各事業年度を合わせた期間）をいう。」

K社の場合には、前々事業年度が1か月しかありませんので、上記のかっこ書きに該当することになります。「そうすると、当期の開始の日の2年前の日の前日は平成x1年2月1日だから、ここから1年を経過する日が平成x2年1月31日で…」A税理士さんは時系列を確認するために直線に日付を書き込みながら考えています。

「なんだ、結局前々事業年度が基準期間になるんじゃないか…。ということ

届出書の履歴には、要注意！(1)

は、基準期間の課税売上高を12倍して計算すると…」…A税理士さんは、ここでまた考え込んでしまいました。

というのも、K社の商品である「お茶」の収穫期は当然夏場になりますので、真冬の1月頃というのは、お茶の売上げはないのです！

「ゼロを12倍してもゼロなわけだから…ひょっとして当期は納税義務がないのでは…？」と、A税理士さんは疑心暗鬼に駆られながらも、内心では喜んでいます。

と、ここでまた大変なことに気が付きました。

「しまった、『消費税の納税義務者でなくなった旨の届出書』を提出してない！」

…だからこそ税務署から申告書が郵送されてくるワケなんですが…さて、どうしたものでしょう…。

 基本届出書に、提出期限はありません！

基準期間の課税売上高が免税点を超えた場合に提出する「課税事業者届出書」や、本ケースのように、基準期間の課税売上高が免税点以下になった場合に提出する「消費税の納税義務者でなくなった旨の届出書」などの、いわゆる基本届出書については、特例選択届出書のような提出期限に関する定めはありません。法律には「速やかに」提出してくださいとしか書いてありませんので、たとえ提出が遅くなったとしても、その効力が失効するという性質のものではありません。

極端なハナシ、届出書が提出されてなかったとしても、その届出書の効力になんの影響があるわけではないのです。

逆に言えば、基準期間の課税売上高が免税点を超え、納税義務者となるような場合に、「課税事業者届出書」を提出しなければ納税義務が免除されるという性質のものでもないということです。

「課税事業者届出書」あるいは「消費税の納税義務者でなくなった旨の届出書」は、これらの届出書を提出することによって、申告書の郵送などの事務手続を滞りなく行うために提出するものと考えるべきでしょう。

● 本当に、納税義務が免除されるの？

　A税理士さんは、K社の社長さんに今期は消費税を払わなくてよい旨を喜び勇んで伝えました。K社の社長さんも、驚きはしたものの、1年分の消費税を払わなくてよいわけですから、非常に喜んでくれています。

　さっそくA税理士さんは所轄の税務署に行って、「消費税の納税義務者でなくなった旨の届出書」を提出し、さっそうと引き揚げてきたところまではよかったのですが…。

　数日後、所轄税務署の担当官より、A税理士さんのところに電話がありました。

　担当官曰く、「K社さんは、会社設立時の平成2年○月○日に『課税事業者選択届出書』を提出しておられますよね？ その後『課税事業者選択不適用届出書』は提出されていないようですから、今期の基準期間における課税売上高がたとえ免税点以下であったとしても、納税義務は免除されないことになります。また、K社さんは『課税事業者届出書』を提出していないので、『消費税の納税義務者でなくなった旨の届出書』を提出することはできません。したがいまして、先日、文書収受しました届出書については嘆願により取り下げていただくことになります」。

　A税理士さんは、呆然として、その場に棒立ちになってしまいました。

 届出書の履歴を確認する！

　資本金が1,000万円未満の新設法人は、基準期間がない設立事業年度とその翌事業年度については免税事業者となるわけですが、このような新設法人が、設立事業年度に予定されている設備投資などについて消費税の還付を受けようとする場合には、「課税事業者選択届出書」を提出する必要があります。

　その後、基準期間の課税売上高が免税点を超えたことにより、いわば原則で納税義務者になったとしても、「課税事業者選択届出書」が提出されている限りは「課税事業者届出書」を提出する必要はありません（消基通17－1－1）。

届出書の履歴には、要注意！(1)

　ただ、本事例のトラブルをみてもわかるように、課税事業者を選択した事業者が、基準期間の課税売上高が免税点を超えたことにより、いわば原則で納税義務者になるような場合には、いったん「課税事業者選択不適用届出書」を提出した上で、あらためて「課税事業者届出書」を提出しておいた方が安全なように思います。会社設立時に、どのようなプロセスにより届出書を提出したのかといったような事柄は、顧問税理士や担当者が代わったりしたような場合に、往々にして忘れられてしまうものではないでしょうか？
　もっとも、こういったトラブルが発生しないように、届出書の管理をきっちりとしておくことが一番大切なことではありますが…。
　「課税事業者選択届出書」などの特例選択届出書の効力については、半永久的にその効力は存続しますので、届出書の履歴については、特に注意して確認するように心がけるべきでしょう。

 平成23年度改正に注意する！

　平成23年度改正により、直前期の上半期（特定期間）における課税売上高が1,000万円を超える場合には、基準期間の課税売上高が1,000万円以下でも納税義務を免除しないこととなりました（消法9の2）。
　したがって、本事例のように、基準期間における課税売上高がゼロの場合であっても、直前期の上半期における課税売上高が1,000万円を超える場合には、納税義務は免除されないことになりますのでご注意ください。

届出書の履歴には、要注意！(2)
還付を受けるつもりが、思わぬ納税に…

　免税事業者の還付請求手続に関するトラブルです。
　B税理士さんは、顧問先の社長であるMさんから、平成x10年中に建築した貸店舗について、消費税の還付申告を依頼されています。
　ちなみに、Mさんは、平成x1年においても課税事業者を選択し、平成x1年中に新築した貸倉庫の建築費について、消費税の還付を受けています。その後、年間の家賃収入が免税点以下であったことから「課税事業者選択不適用届出書」を提出し、平成x3年からは再び免税事業者となっているのですが…。
　どうやら以前に還付金をもらったことに味を占め、同じ作戦で再び還付請求をしようとの魂胆(?)のようです。
　一方、申告を依頼されたB税理士さんのほうも、抜かりはありません。「課税事業者選択届出書」は、平成x9年中に提出済みであり、準備万端、後は申告書が郵送されてくるのを待つばかり…となってはいるのですが…。

 課税事業者選択届出書は、事前提出が原則！

　Mさんは、平成x10年においては以前から課税となる家賃収入があるため、いわゆる「新規開業」には該当しません。したがって、「課税事業者選択届出書」は平成x9年中に提出しておかなければ、平成x10年から課税事業者となることはできません。
　ちなみに、過去に課税事業者を選択した事業者が「課税事業者選択不適用届出書」を提出して免税事業者となり、その後、再び課税事業者を選択することについては、なんら制限はありません。簡易課税制度の適用を受けていた事業者が「簡易課税制度選択不適用届出書」を提出し、仕入控除税額の計算方法を原則課税に切り替えた後で「簡易課税制度選択届出書」を提出し、再度簡易課税制度の適用を受けることについても同様です。
　ただし、課税事業者や簡易課税を選択した場合には、一定の期間内は不

届出書の履歴には、要注意！(2)

適用届出書の提出が制限されていますので、注意が必要です。

郵送されてきた申告書は、簡易課税用！

B税理士さんは、目が点になりました…。

というのも、税務署から郵送されてきた封筒を開けてみると、中から出てきたのは、なんと「簡易課税用」の申告書ではないですか！

「簡易課税制度選択届出書」なんか提出していないのに一体なんで…。

ここで、B税理士さんは、大変なことに気が付きました。

実は、Mさんが平成x1年において課税事業者を選択した際に、平成x2年分の納付消費税額を少なくするために、平成x1年中に「簡易課税制度選択届出書」を提出しておいたことを思い出したのです。平成x2年中に「課税事業者選択不適用届出書」を提出し、平成x3年から免税事業者に戻れたまではよかったのですが、免税事業者に戻れることで安心してしまい、B税理士さんは「簡易課税制度選択不適用届出書」の提出をうっかり忘れていたのです！

(注) 平成22年4月1日以後に「課税事業者選択届出書」を提出した事業者で、かつ、同日以後に開始する課税期間については、22年度改正法による「旧3年縛り」が適用されることになります。よって、本事例のように、還付申告となる年の翌年から簡易課税制度の適用を受けることはできません（消法9⑦、37③一）。

 届出書の提出は、遅滞なく！

今まで課税事業者であった事業者が、基準期間の課税売上高が免税点以下となり、納税義務が免除されることとなった場合には、「消費税の納税義務者でなくなった旨の届出書」を提出する必要があります。

「消費税の納税義務者でなくなった旨の届出書」については、提出期限の定めはありませんので、特例選択届出書のように神経質になる必要はありませんが、これを提出しておかないと、税務署サイドでは納税義務者かどうかの判断ができません。したがって、申告期限が近くなれば税務署からは当然に申告書が郵送されてくることになります。

「納税義務はないハズなのに、なんで申告書が郵送されてきたんだろう…?」などと馬鹿なことを考えてはいけません。「消費税の納税義務者でなくなった旨の届出書」を提出しない限り、申告書は郵送されてくるのです!
　もっとも、納税義務がないのであれば、当然に申告義務もないわけですが、思わぬ勘違いをすることにもなりかねませんので、納税義務があるかないかということは適正に確認し、「課税事業者届出書」あるいは「消費税の納税義務者でなくなった旨の届出書」は忘れずに提出するよう心がけるべきでしょう。
　では、簡易課税制度の適用を受けていた事業者が、基準期間の課税売上高が免税点以下になり、納税義務者でなくなったような場合には、「簡易課税制度選択不適用届出書」を提出する必要があるのでしょうか?
　答えは、NO です!
　「簡易課税制度選択届出書」などの特例選択届出書の効力は、納税義務があろうとなかろうと、半永久的にその効力は存続しますので、納税義務がなくなったからといって、「簡易課税制度選択不適用届出書」は提出する必要はありません。また、基準期間の課税売上高が免税点を超えたことにより、再び課税事業者となった場合においても、「簡易課税制度選択届出書」を再度提出する必要はないということです。

届出書の履歴を確認する!

　課税事業者が免税事業者になるような場合には、消費税の申告義務と共に納税義務もなくなるわけですから、過去にどのような届出書が提出されていたとしても、なんら実害が発生するわけではありません。こういった理由もあるのでしょうが、課税事業者が免税事業者になった際に、過去の届出書の履歴についてあまり気にしないという実務家は存外に多いようです。
　ただ、本ケースのトラブルをみてもわかるように、過去の届出書の履歴が再び効力を発揮して、数年後に思わぬ災難に遭遇するというようなこと

は、決して珍しいことではないのです！

　B税理士さんの場合には、自分で過去の申告も手がけていたわけですから、自業自得と言えなくもないのですが、他の税理士から引き継ぎを受けた顧問先や会計事務所で前任者から引き継ぎを受けた顧問先などの場合には、過去の届出書の履歴をしっかりと確認しておかないと大変なことになりかねません。

　本ケースの場合には、本来であれば事前に届出書の履歴を確認した上で「簡易課税制度選択不適用届出書」を提出し、簡易課税との「腐れ縁」を断ち切った後に課税事業者を選択する必要があったわけです。

　課税事業者を選択しなかったならば免税事業者でいられたものが、自ら課税事業者を選択し、あろうことか、還付どころか無用な納税をするにまで至ったわけですから、これぞまさに「跳んで火に入るなんとやら…」届出書の履歴の確認を怠ったがために、取り返しのつかないことになってしまいました。

　繰り返しになりますが、「簡易課税制度選択届出書」などの特例選択届出書の効力については、納税義務があろうがなかろうが、半永久的にその効力は存続しますので、届出書の履歴については、特に注意して、かつ、慎重に確認するよう心がけるべきでしょう。

チェックマークって、なんだ？
届出書に☑しなかっただけで大変なことに…

　Ａ税理士は、Ｂさんの新築物件につき、消費税の還付を受けるべく、平成27年中に「課税事業者選択届出書」を所轄税務署長に提出し、平成28年分の申告で消費税の還付を受けました。これに伴い、いわゆる「３年縛り」の掟が適用されますので、平成29年分と30年分は本則課税で申告することになります。

　Ｂさんの年間の課税売上高は1,000万円以下であることから、平成31年から免税事業者になるために、平成30年中に「課税事業者選択不適用届出書」を提出したところ、税務署の個人課税部門の署員Ｋさんからこんな電話がありました。

署員Ｋ　先日ご提出のありました「課税事業者選択不適用届出書」ですが、「提出要件の確認」欄に「はい☐」というチェック欄が設けられているのをご存知ですか？ここにチェックマークがないと、こちらのほうでPCへ入力することができません。よって、この届出書は無効となりましたので、早急に届出書の取り下げをしてください。

税理士　入力ができないから取り下げろって…一体全体どういうことですか？

署員Ｋ　届出書が間違っているから入力ができないと言っているんです！例えば簡易課税制度の適用を受けた場合には２年間の継続適用義務がありますが、これは「簡易課税制度選択不適用届出書」の提出時期に制限を設けることによって２年間の継続適用を義務付けているのです。提出が制限されている課税期間中に届出書を提出すると、税務署のPCには入力エラーが表示されるようになっているんですよ。よって、先生の提出された届出書についても「無効」になるということです！

税理士　（絶句）…

チェックマークってなんだ？

 課税事業者選択不適用届出書の提出制限

　個人事業者が課税事業者を選択し、課税事業者としての強制適用期間（2年間）の間に調整対象固定資産を取得した場合には、その取得の年の翌々年まで本則課税が強制適用されることになります。消費税法9条7項では、…当該調整対象固定資産の仕入れ等の日の属する課税期間の初日から3年を経過する日の属する課税期間の初日以後でなければ、「課税事業者選択不適用届出書」を提出することができない。…と規定していますので、Bさんのケースであれば、…当該調整対象固定資産の仕入れ等の日の属する課税期間（平成28年）の初日（平成28年1月1日）から3年を経過する日（平成30年12月31日）の属する課税期間（平成30年）の初日以後、すなわち、『平成30年1月1日以後でなければ「課税事業者選択不適用届出書」を提出することができない』と読むことになります。
　そうすると、A先生が平成30年中に提出した「課税事業者選択不適用届出書」は当然に有効となると思うのですが…。

 チェックマークって何だ？

　「消費税課税事業者選択不適用届出書」の「提出要件の確認」欄には、「課税事業者となった日から2年を経過する日までの間に開始した各課税期間中に調整対象固定資産の課税仕入れ等を行っていない。」という記載があり、さらにその右側にその旨を確認するための「はい□」というチェック欄が設けられています。
　要するに、課税選択をした強制適用期間中に調整対象固定資産を取得している場合には、「課税事業者選択不適用届出書」の提出時期に制限があるので、『調整対象固定資産の取得状況を確認のうえ、課税事業者選択不適用届出書を提出できるのかどうかを判断する際の参考にしなさい』ということです。
　嫌がらせのようにわかりずらい22年度改正法による消費税の届出書実務

において、このチェックマークはそれなりのトラブル防止の効果が期待できるものと思われます。

ただ、Bさんのケースでは、課税選択をした強制適用期間中に調整対象固定資産を取得していますので、「はい☐」の欄にチェックをする必要はありません。チェックをすること自体が誤りということになります。

Bさんは、平成28年から30年までの3年間を本則課税で申告し、晴れて刑期（？）が明けてから免税事業者に戻ろうとしているのです。これに対し、チェックマークが無いなどという下らない、意味のない理由で届出書の取り下げを強要するなど言語道断です！

「勘違いでした」などと謝れば済むような次元の話ではありません。Kさんは国税職員としての自覚と能力が根本的に欠落しています。猛省を促したいと思います。

 条文を読もう！

インターネットの普及や専門書の氾濫により、条文を読まない（読めない）税理士が急激に増えているように感じます。当たり前のことですが、税法は法律です。税理士は法律屋なのだということをしっかりと自覚する必要があります。税法条文を読めない（読まない）ような人々は税理士ではありません！

また、税務職員だってすべての職員が税法に精通しているわけではありません。Kさんのようなチンピラまがいの職員がいることも事実なのです。法律を読みましょう！そうでないと、ゲスな奴らに騙されて、無駄な税金を払わされることになりかねないのです。

 取り下げが必要なケースとは？

課税選択の強制適用期間中に調整対象固定資産を取得した場合には、いわゆる「3年縛り」の規定が適用され、「課税事業者選択不適用届出書」

チェックマークってなんだ？

の提出が制限されることになります。そこで、課税選択の強制適用期間中に、翌期から免税事業者となるために「課税事業者選択不適用届出書」を提出した事業者が、その後、同一の課税期間中に調整対象固定資産を取得することとなった場合には、その届出書の提出はなかったものとみなされます（消法9⑦）。

税理士は、条文を読もう！

これを受け、「消費税課税事業者選択不適用届出書」の「提出要件の確認」欄には、※印とともに「この届出書を提出した課税期間が、課税事業者となった日から2年を経過する日までに開始した各課税期間である場合、この届出書提出後、届出を行った課税期間中に調整対象固定資産の課税仕入れ等を行うと、原則としてこの届出書の提出はなかったものとみなされます。詳しくは、裏面をご確認ください。」と記載して届出書の取り下げが必要である旨を注意喚起しています。

【具体例】課税事業者を選択した個人事業者が、「課税事業者選択不適用届出書」を提出した後に調整対象固定資産を取得した場合

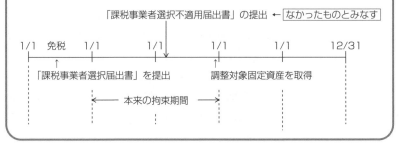

平成23年度改正による納税義務判定
給与の支払額による判定もできる！

　税理士のA先生は仕事が大嫌いです。所帯も持たずに日中はパチンコ、夜は麻雀と自堕落な生活を送っています。顧問先の数はわずか数件で、年間数百万円程度の収入しかありませんが、資産税が得意ということもあり、臨時に依頼のある相続税の申告などで何とか喰いつないでいるような状況です。

　A先生は、平成28年中の課税売上高が1,000万円以下であったことから、平成28年分の消費税の確定申告書とともに「消費税の納税義務者でなくなった旨の届出書」を提出しました。平成30年は当然に免税事業者になると思っていたところ、税理士仲間から平成23年度改正の話を聞いてビックリ仰天しています。

B税理士　23年度改正って本当にうっとうしいよね。無料相談なんかで確定申告している個人の小規模事業者なんかはみんな理解できてるのかな……？

A税理士　（小さな声で）23年度改正って、95％ルールの縮小以外に何かあったっけ？

B税理士　基準期間における課税売上高が1,000万円以下の事業者は、特定期間中の課税売上高で納税義務の二次判定をすることになったんだけど……ひょっとして知らなかったの？

　A先生は平成29年の上半期に相続税申告が立て続けに2件あったことを思い出しました。比較的大きな案件だったので、2件分合計すると、報酬は1,000万円を超えているはずです。ということは……。

 特定期間中の課税売上高による納税義務の判定

　平成23年度改正により、特定期間中の課税売上高が1,000万円を超える事業者は、基準期間における課税売上高が1,000万円以下であっても納税義務が免除されないことになりました（消法9の2①）。
　特定期間とは、原則として直前期の上半期をいいますので、個人事業者

であれば、前年1月1日から6月30日までが特定期間となります（消法9の2④一）。したがって、個人事業者の平成30年分の納税義務判定は、まず、基準期間である平成28年中の課税売上高で判定し、これが1,000万円以下となったときに、特定期間である平成29年の1月1日〜6月30日期間中の課税売上高で平成30年分の納税義務を判定することになります。

 給与等支払額による判定もできる

　特定期間中の課税売上高は、基準期間における課税売上高と同じように、売掛金を認識したところの発生ベースで計算します。そうすると、現預金の入出金で帳簿を記帳しているような小規模事業者は、納税義務を判定するために上半期で売掛金を集計しなければいけないことになり、余計な手間がかかります。そこで、特定期間中の課税売上高に代えて、給与等の支払額で納税義務を判定することも認めることとしています（消法9の2③）。給与等の支払額による判定は、特定期間中の課税売上高の計算が困難な事業者に限り認めるものではありません。特定期間中の課税売上高が明らかに1,000万円を超えている場合であっても、給与等の支払額が1,000万円以下であれば免税事業者となることができることに注意してください。

 課税事業者届出書の提出は必要か

　A先生の事務所には従業員がいませんので、特定期間中の給与等の支払額はゼロになります。したがって、平成30年分の納税義務は最終的に免除されますので、A先生はとりあえず一安心しています。

　A先生は、書店からあわてて取り寄せた消費税の解説本をめくっていたところ、課税事業者届出書が「基準期間用」と「特定期間用」の2種類になったことに気が付きました。A先生の場合には、特定期間中の課税売上高は1,000万円を超えているものの、給与等の支払額がゼロとなり、平成30年分は納税義務が免除されます。A先生は、「課税事業者届出書

特定期間用」を出そうか出すまいか迷っているようですが……。

 届出書の提出は必要ありません！

　A先生の場合には、課税事業者届出書の提出は必要ありません。給与等の支払額が1,000万円以下なのに課税事業者届出書を提出すると、「課税事業者になります！」という意思表示をしたことになってしまいます。

　消費税の届出書はいったん提出したら原則として取下げは認められません。提出失念は無論のこと、誤提出や記載事項の誤りなどがないように、くれぐれも慎重に対応するよう心がけてください。

 給与等の範囲

　特定期間中の給与等の金額には、給与、賞与等の他、当然に役員報酬も含まれますが、所得税が非課税となる通勤手当や旅費等は含まれません。また、未払給与も含める必要はありません（消基通1－5－23）。

　例えば、個人事業者が6月分の給料を7月5日に支払った場合には、この金額は給与支払基準による納税義務判定に含める必要はありません。売上高基準は売掛金を認識したところの発生ベースで計算するのに対し、給与支払基準は○月分の給料という認識ではなく、あくまでも特定期間中に支払った金額だけが計算の対象となるのです。

　年間の課税売上高が1,000万円前後で推移している個人事業者は、源泉所得税の計算は納期の特例の適用を受けているケースが多いかと思います。このような場合には、源泉所得税の計算期間が特定期間と一致しますので、納付書に記載した給与の支払総額を参考に納税義務の判定をするようにしてみてはどうでしょう。納付書に記載した給与の支払総額が1,000万円以下であれば改正法の適用はありません。したがって、これが1,000万円を超える場合についてだけ、特定期間中の課税売上高を計算することとしておけば、つまらないミスの防止に役立つだけでなく、事務処理の手間も省

平成23年度改正による納税義務判定

けるのではないでしょうか。

平成23年度改正で、小規模事業者の納税義務判定が悪戯に複雑になり、実務の現場が混乱したことは間違いありません。税率の引上げを目前に控えた今この時期に、国民の消費税に対する信頼性が揺らぐようなことにならなければよいのですが……。

課税事業者の選択と平成23年度改正の関係

パターン	特定期間		取扱い
	課税売上高	給与等の支払額	
①	1,000万円超	+ 1,000万円超 →	課税事業者
②	1,000万円超	+ 1,000万円以下 →	課税事業者と免税事業者のいずれでも選択することができる
③	1,000万円以下	+ 1,000万円超 →	
④	1,000万円以下	+ 1,000万円以下 →	免税事業者

パターン①で課税事業者となる場合とパターン②〜③のケースで課税事業者を選択する場合には、第3-(2)号様式(消費税課税事業者届出書 特定期間用)を速やかに納税地の所轄税務署長に提出する必要があります(消法57①一)。

ただし、「課税事業者選択届出書」のように提出期限が定められたものではありません。

届出書の取り下げはできるか？
課税事業者届出書（特定期間用）の効力は…

　個人で建築設計事務所を経営するAさんは、前々年の課税売上高が1,000万円以下であったものの、前年上半期の課税売上高が1,000万円を超えたため、前年中に「課税事業者届出書（特定期間用）」を納税地の所轄税務署長に提出しました。なお、Aさんの従業員は妻だけで、毎年300万円の専従者給与を支払っています。

特定期間中の課税売上高による納税義務の判定

　平成23年度改正により、特定期間中の課税売上高が1,000万円を超える事業者は、基準期間における課税売上高が1,000万円以下であっても納税義務が免除されないことになりました（消法9の2①）。

　個人事業者の当年の納税義務は、まず、基準期間である前々年の課税売上高で判定し、これが1,000万円以下となったときに、第2ステップの判定として特定期間である前年の1月1日～6月30日期間中の課税売上高で当年の納税義務を判定することになります。

　ただし、特定期間中の課税売上高に代えて、給与等の支払額で納税義務を判定することも認められます（消法9の2③）。

　給与等の支払額による判定は、特定期間中の課税売上高の計算が困難な事業者に限り認めるものではありません。特定期間中の課税売上高が明らかに1,000万円を超えている場合であっても、給与等の支払額が1,000万円以下であれば免税事業者となることができることに注意してください。

● 届出書の取り下げはできるか？

　Aさんは結果的に当年は納税義務がなかったわけですが、さて、昨年中に提出した「課税事業者届出書」の取り下げはできるのでしょうか…。

届出書の取り下げはできるか？

 有効な届出書は取り下げ不可！

　実務上、提出することのできない届出書を誤って提出した場合には、当然にその届出書は取り下げる必要があります。ただし、届出書の提出について選択権がある場合には、事業者がその判断をし、事業者の責任においてこれを提出するものであることから、結果的にその届出書の提出により不利になるようなことになったとしても、その届出書を取り下げることはできません。

　例えば、設備投資計画があるにもかかわらず「簡易課税制度選択届出書」を提出したような場合には、事前に提出した「簡易課税制度選択届出書」をその後に取り下げることはできないということです。よって、届出書の提出失念は無論のこと、誤提出や記載事項の誤りなどにも注意する必要があります。

 課税事業者届出書（基準期間用）の効力

　基準期間における課税売上高が1,000万円以下の事業者が設備投資の計画があり、消費税の還付を受けるために課税事業者になろうとする場合には、原則として事前に「課税事業者選択届出書」を提出する必要があります。届出書の種類を勘違いして「課税事業者届出書（基準期間用）」を提出したとしても課税事業者になることはできません。

　結果、「課税事業者届出書（基準期間用）」は嘆願により取り下げることになります。

 課税事業者届出書（特定期間用）の効力

　基準期間における課税売上高が1,000万円以下の事業者は、特定期間中の課税売上高と給与等の支払額により納税義務について二次判定をするこ

とになります。これは課税売上高と給与等の支払額のどちらで判定してもよいということですので、どちらか一方が1,000万円以下の場合には、免税事業者のままでいてもよいし、また、課税事業者になることもできることになります。

よって、Ａさんの場合には、「課税事業者選択届出書」を提出したわけではありませんが、課税事業者を選択したことと事実上何ら変わりがないことから、基本的に取り下げは認められないものと思われます。

22年度改正法との関係はどうなる？

22年度改正法により、課税事業者を選択した事業者が、課税事業者としての強制適用期間中に調整対象固定資産を取得した場合には、取得日の属する課税期間の初日から３年を経過する日の属する課税期間（第三年度の課税期間）までの間は本則課税が強制適用されることとなりました。

この規定は、「課税事業者選択届出書」を提出して課税事業者となった場合に適用されるものであり、「課税事業者届出書」を提出した場合に適用されるものではありません。

特定期間中の課税売上高と給与等の支払額のいずれかが1,000万円を超える場合には、課税事業者を選択せずとも課税事業者となることができるわけですから、結果として、「課税事業者届出書（特定期間用）」を提出して課税事業者となり、固定資産を取得しても、いわゆる「３年縛り」の規定は適用されないことになってしまいます。

これに加え、「課税事業者届出書」には提出期限がありません。法律では「速やかに」提出することと規定していますので、たとえ設備投資などがある課税期間の進行期間中であっても、提出された届出書を所轄税務署では受理せざるを得ないのです（消法57①一）。

特定期間中の課税売上高による納税義務の判定は、小規模事業者の経理実務に配慮して給与等の支払額による判定を認めたことが仇となり、22年度改正法との整合性がとれなくなってしまいました。また、Ａさんのように中途半端な知識により納税義務の判定をすると、結果として無駄な納

届出書の取り下げはできるか？

税をするようなことにもなりかねません。こういった実情に鑑み、各所轄税務署におかれましては、その時々の状況に応じて柔軟に届出書の取り下げを認めるなどの配慮を期待したいと思います。

 高額特定資産を取得した場合

　平成28年度改正では、本則課税の適用期間中に高額特定資産（税抜金額が1,000万円以上の棚卸資産及び調整対象固定資産）を取得した場合には、22年度改正法の適用の有無にかかわらず、いわゆる「3年縛り」が適用されることとなりました（消法12の4、37③）。

　したがって、「課税事業者届出書（特定期間用）」を提出し、本則課税の適用期間中に調整対象固定資産を取得した場合には、その調整対象固定資産の取得価額（税抜）が1,000万円未満であれば「3年縛り」から逃れられる一方で、取得価額（税抜）が1,000万円以上の場合には、28年度改正法による「新3年縛り」が適用されることになります。

　（注）高額特定資産を取得した場合の特例については168頁～175頁をご参照ください。

法人成りに注意する！
決算期の変更は租税回避行為になるか？

Aさん　節税対策として法人成りという方法があるそうですが、どのようなメリットがあるのか教えていただけますか？

税理士　個人事業者の所得（儲け）には、所得税が超過累進税率で課税されます。これに対し、法人税は年間800万円を境に2種類の税率しかありません。そこで、個人事業を法人に切り換えた上で、法人の利益（所得）から自らの役員報酬を支払う（もらう）ことにより、所得税の負担を減らすことができます。さらに、給与所得には給与所得控除という特典がありますので、給与収入にまるまる所得税が課税されないことも大きな魅力です。

　　また、法人税や法人事業税、法人住民税は役員報酬を差し引いた後の法人の利益に課税しますので、役員報酬の金額をうまく設定して法人の利益を少なくしておけば、法人税や法人事業税などの負担を減らすことが可能となるのです。ただし、分不相応に高額な役員報酬を設定したりすると、過大役員報酬として否認されることもありますので注意が必要です。

Aさん　会社を設立すると2年間は消費税を払わなくてよいという話を聞いたのですが本当ですか？

税理士　そうなんです！　法人成りの一番のメリットは何といっても消費税なんです！資本金1,000万円未満で法人を設立すれば、設立事業年度とその翌事業年度は基準期間がありません。基準期間がないということは、すなわち課税売上高が1,000万円以下ということであり、どんなに多額の売上げがあったとしても納税義務はありません。

　Aさんと税理士さんは相談の上、平成29年（2017年）11月10日に10月決算法人を設立することになりました。

Aさん　ありがとうございました。これで私は2019年10月分まで消費税を払わなくて済むわけですね！

法人成りに注意する！

 23年度改正に注意する！

　ちょっと待ってください！　新設法人の納税義務ですが、23年度改正のことを忘れていやしませんか？

　平成23年度改正により、特定期間中の課税売上高が1,000万円を超える事業者は、基準期間における課税売上高が1,000万円以下であっても納税義務が免除されないことになりました（消法９の２①）。特定期間とは、原則として直前期の上半期をいいますので、新設法人の設立第２期の納税義務は、設立事業年度の上半期の課税売上高と給与等の支払額により判定します。特定期間中の課税売上高と給与等の支払額のいずれもが1,000万円を超える場合には、たとえ基準期間がなくとも設立第２期の納税義務は免除されないことになるのです。

　法人成りをした場合には、今まで個人事業主の所得として認識していたものが役員報酬に変化しますので、課税売上高だけでなく、上半期の給与等の支払額が1,000万円を超えることも決して珍しくありません。結果、設立第２期が課税事業者になるケースが多分に想定されるのです。

　「２年間は消費税が免除……」などと軽々しく口にすると後で面倒なことにもなりかねません。くれぐれもご注意ください。

決算期を変更したらどうなる？

　「『ご注意ください』って今更いわれたって……」。すでに法人を設立してしまった税理士さんはガックリしています。何とかならないものかと必死で条文を読み漁っていたところ、特定期間の定義に「……その事業年度の前事業年度（７月以下であるもの……を除く。）……」という一文があることを発見しました（消法９の２④二）。

　ということは、設立事業年度が７か月以下の場合には第２期は無条件に免税事業者になれるということになるのかな……ということは、今から事業年度を変更して設立事業年度を７か月以下にしてしまえば第２期は免税事業者になれるということだ！

租税回避行為になるか？

　本事例は、本来であれば設立事業年度を7か月以下にすべきところ、これを誤ったために決算期変更で軌道修正したということです。結果的に第2期の納税義務を免れるための決算期変更となるわけですが、私見としては、このような理由による決算期変更は、租税回避行為に当たらないと考えます。

 特定期間はどこになるか？

　法人の特定期間は、前事業年度開始の日以後6か月の期間と定義されています（消法9の2④二）。そうすると、月の中途に月末決算法人を設立した場合には、月の中途で仮決算を組まなければいけないことになり、納税義務の判定が非常に煩雑となってしまいます。そこで、月末決算法人で、前事業年度開始日以後6か月の期間の末日が月末でない場合には、その6か月の期間の末日の属する月の前月末日までの期間を「6か月の期間」とみなし、納税義務を判定することとされています（消令20の6①一）。したがって、本事例の場合には、平成29年11月10日〜平成30年4月30日が特定期間となります。

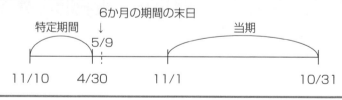

引継資産の取扱い

　税理士さんは設立事業年度の決算期を5月に変更して一息ついてるようですが、Aさんの平成29年分の消費税の確定申告はちゃんと確認しましたか？

　法人成りをする場合、一般的には個人事業者の事業用資産を新設法人に引き継がせることになります。この場合、事業用資産を帳簿価額で法人に引き継がせた場合には、譲渡所得税は課税されません。ただし、消費税では、売却損益ではなく、売却収入を売上高として認識することになりますので、これを失念すると売上計上漏れとして修正申告が必要となります。消費税の課税事業者が法人成りをする場合には、引継資産の取扱いは税務署でも必ずチェックするようです。申告漏れのないように、くれぐれもご注意ください。

　「『ご注意ください』っていわれたって……」。すでに申告期限が過ぎてしまっている税理士さんはまたもやガックリしています。

決算期変更で特定期間クリア！でもまだまだ安心はできねえぜ！

合併法人の納税義務と仕入税額控除
会社の合併には特例がある!

　「節税コンサルタント」の肩書きを持つ税理士のAさんは、実は税金のことがよく分かりません。口八丁手八丁で、いつも綱渡りのような危なっかしい仕事をしています。こんなAさんのところにある日、消費税の節税に関する税務相談がありました。

相談者　私の経営する会社は多額の繰越欠損金があるため、数年前から法人税や地方税は免除されているのですが、消費税だけは、毎期けっこうな金額を納税しています。この消費税の納税額を少なくする方法を伝授してもらいたいのです。

Aさん　(自信満々で)私に任せておきなさい!　少なくとも2年間は消費税の納税をゼロにすることができます。

相談者　廃業するのはダメですよ。法人で長年やってきたわけですから、いまさら個人事業者に戻すことはできません。

Aさん　大丈夫ですよ。そんなことは考えていません。私が提案したいのは「合併」です。つまり、新たに法人を設立し、この新設法人に既存の法人を吸収合併させるのです。そうすると、新設法人は設立事業年度とその翌事業年度は免税事業者となりますので、事実上ほぼ2年間分の消費税を払わなくてよいことになるのです。

相談者　(疑わしそうに)本当にそんなことができるんですか…?

Aさん　大丈夫です!　安心して私にお任せください!　その代わり、会社の設立や合併となりますと、M&A手数料がある程度かかりますことをご承知おきください。

合併法人の納税義務と仕入税額控除

 合併があった場合の納税義務の免除の特例

　合併があった場合の合併存続法人の納税義務は、合併法人だけでなく、被合併法人の実績も考慮して判定することになっています。

　まず、合併事業年度ですが、合併法人の合併事業年度の基準期間に対応する期間における被合併法人の課税売上高が1,000万円を超える場合、合併法人の合併があった日から合併事業年度終了日までの納税義務は免除されません。逆に言うと、合併事業年度開始日から合併があった日の前日までの間は、合併法人の基準期間における課税売上高だけで納税義務を判定するということです（消法11①）。

　次に合併事業年度の翌事業年度と翌々事業年度ですが、今度は合併法人の基準期間における課税売上高と、合併法人の基準期間に対応する期間における被合併法人の課税売上高を合算して判定することになります（消法11②）。したがって、被合併法人の売上規模が1,000万円を超えている場合には、合併新設法人の設立事業年度の翌事業年度は、たとえ基準期間がなくとも納税義務は免除されません。

● **M&A 手数料の取扱い**

　すでに法人を設立し、合併の登記も済ませてしまったAさんはガックリしています。気の利いた言い訳も思いつかないので、潔く誤りを認めることとしました。当然のことながら相談者はカンカンです。

相談者　どうも話が巧すぎると思ったんですよ。こうなった以上、いまさら元の状態に戻すことはできません。どうやってこの始末をつけるつもりなんですか？

Aさん　（汗を拭きながら）もう…何と言ってお詫びしたらよいものか…とにかく申し訳ありませんでした。

相談者　貴方に対する損害賠償請求はおいおい考えるとして、とりあえずお聞きしたいことがあります。今回貴方に支払った法外なM&A手数料ですが、当然に仕入税額控除はできるんでしょうね？

Aさん　合併法人は課税事業者ですのでそれは全く問題ありません。というか、戴いた手数料は全額返金したいと考えておるのですが…。

相談者　現実に合併手続をやったわけですから返金しなくて結構です。その代わり、これの数倍の額の賠償金を後ほど請求するつもりですので覚悟しておいてください。

Aさん　…（涙目になっている）

 M&A 手数料は控除できないのでは…

　Aさんにとどめを刺すようで心苦しいのですが、M&A手数料は、仕入税額控除はできないのではないでしょうか？

　M&Aは、合併登記の完了前に、合併新設法人の依頼により行われたものと考えられます。そうすると、企業買収をする場合の成功報酬ならともかく、本件役務の提供は、合併前である合併新設法人が免税事業者の時に完了していると考えるべきでしょう。したがって、合併新設法人が、設立事業年度の中途から課税事業者になったとしても、このM&A手数料を設立事業年度の申告で仕入税額控除の対象とすることはできないものと思われます。

 合併新設法人の翌事業年度の納税義務

　吸収合併があった場合の納税義務の判定について、もう少し丁寧に条文を読んでみたいと思います。まず、合併事業年度についてですが、合併法人の合併事業年度の基準期間に対応する期間における被合併法人の課税売上高は、合併法人の<u>合併事業年度開始の日の2年前の日の前日から</u>、同日以後1年を経過する日までの間に終了した被合併法人の各事業年度

合併法人の納税義務と仕入税額控除

における課税売上高を基準に計算することとしています（消令22①）。

　次に、合併事業年度の翌事業年度と翌々事業年度ですが、合併法人の基準期間における課税売上高に合算する被合併法人の課税売上高は、消費税法施行令22条２項において、「合併法人の当該事業年度の基準期間の初日から同日以後１年を経過する日までの間に終了した同項の被合併法人の各事業年度における課税売上高…」と規定しています。

　合併法人の事業年度が継続して４月１日～３月31日サイクルで回転している場合には、「合併事業年度開始の日の２年前の日の前日」も、「基準期間の初日」も、判定事業年度の初日である４月１日の２年前の応当日（４月１日）になります。

　しかし、本事例のように合併存続法人が新設法人の場合、設立２期目の判定では、合併存続法人の基準期間がそもそも存在しないことになります。そうすると、合併法人の基準期間に対応する期間における被合併法人の課税売上高も存在しないことになり、結果、合併新設法人の設立２期目の納税義務は免除されることになるのでしょうか…？？？

95

グループ法人税制と消費税

グループ法人間の売買でも消費税が課税される！

引き続き、「節税コンサルタント」の肩書きを持つ A 税理士さんのお話です。

相談者 グループ法人税制についてお伺いします。グループ法人間での資産の売買は課税されないとのことですが、この取扱いは、決算書の数値と税務申告の数値が連動しなくても構わないということですか？

Aさん そうです。グループ法人税制というのは、グループ法人間での資産の売買は本支店間における内部取引と同じように考え、売買損益を認識しないこととするものです。

相談者 私がオーナー社長を務める会社が中古のビルを保有しているのですが、諸事情によりこれを別法人の名義に変更したいんです。十数年前に建築したビルなのですが、評価額もそこそこの金額になっていますので、売却するとなると、それなりの売却益が計上されると思うんです。それでも税金は本当にかからないんですね？

Aさん （自信満々で）私に任せておきなさい！ どんなに多額の売却益が出ようとも、税務調整という方法で税金がかからないようにしてみせましょう！ ただ、ハイレベルな税務申告になりますので、手数料もそこそこ頂戴することになります。

 グループ法人税制と消費税

法人税では、完全支配関係があるグループ法人間で資産の売買をした場合には、発生した譲渡損益の計上を繰り延べ、その資産をグループ外に譲渡したときに、譲渡損益を認識することとしています（法法61の13）。

ただし、これはあくまでも法人税の取扱いであり、消費税の税額計算には関係しないことに注意する必要があります。よって、法人所得の計算で中古ビルの売却益を別表四で減額調整するとしても、消費税の計算では、その売却収入を課税売上高に計上する必要があるのです！

グループ法人税制と消費税

● グループ内での負担額は変わらない？

　消費税のことを全く考慮せずに所有権移転登記まで済ませてしまったAさんは顔面蒼白です…。「何かうまい言い訳はないものか…」といろいろと考えていたところ、何か閃いたみたいです。

Aさん　（何事もなかったかのように）うっかりして説明を忘れていたことがあります。先日お話したように、ビルの売却益には確かに法人税はかからないのですが、たとえグループ法人間の売買でも、ビルの売却収入には消費税が課税されることになります。

相談者　（びっくりして）先日相談したときにはそんなこと一言も言ってませんでしたよね？　建物の移転登記も済ませてしまったし、いまさら錯誤登記で元に戻そうにも、登録免許税の負担が相当に発生します。いったいどうしてくれるんですか！

Aさん　落ち着いて最後まで話を聞いてください。確かに消費税の負担は出ますけれども、ビルを購入した法人は、売却法人が負担した消費税分だけ仕入税額控除により納付税額が減少することになります。つまり、グループ法人トータルでみれば消費税の負担は変わらないんですよ。

相談者　（ブスっとしながら）トータルの負担は変わらないって言ったって、購入法人は免税事業者なんですよ。そもそも納税がないのにどうやって納税額を減らすんですか？

Aさん　…（汗）

行為計算否認の規定は適用されるか？

　Aさんの失敗事例を見てちょっと気になることがあります。仮に中古ビルを保有する法人が免税事業者で、購入する法人が課税事業者の場合にはどうなるでしょう…。譲渡法人は2年後に課税義務者になるものの、ビルの譲渡事業年度については納税義務がありませんから消費税の負担はありません。一方で、ビルを購入する法人は、たとえ免税事業者からの購入であってもこれを課税仕入れに取り込むことができます（消基通11-1-3）。

97

消費税には同族会社の行為計算否認のような規定はありません。また、法人税ではグループ法人間の取引について制約があるにもかかわらず、消費税には何も制約がないということにも、どこか違和感を感じてしまいます。

 事業譲渡の取扱い

組織再編の手法には、法人の資産と負債をまるめて譲渡する「事業譲渡」があります。例えば賃貸物件を保証金100とセットで、500で譲渡する場合、建物の譲渡対価は収受する金銭の500ではなく、保証金（負債）を控除する前の600となります。

負債の譲渡は資産の譲渡に該当しませんので、建物の譲渡対価の額から保証金の額を控除することはできません。建物を600で譲渡し、その譲渡対価で保証金100を弁済したと考える必要があるのです。この場合の建物の譲渡対価600は、グループ法人間の売買か否かに関係なく、当然に課税売上高となります。

 会社分割の取扱い

会社分割をする際に、分割法人が保有する資産を現物出資して新たに法人を設立する場合には、その現物出資は資産の譲渡等に類する行為として課税の対象となり、現物出資により取得する株式の時価が現物出資資産の譲渡対価となります（消令２①二、45②三）。

一方、新設分割の手法により分割法人が事業の一部を新設法人に承継させる場合には、その分割による資産の移転は「包括承継」であり、課税の対象とはなりません。これは、吸収分割により分割法人が事業の一部を分割承継法人に引き継がせる場合も同様です。

組織再編により資産を移転する場合において、事業譲渡や現物出資の方法によると、その資産の移転は課税の対象となります。これに対し、新設

分割や吸収分割の方法によれば課税関係は生じないということです。

 納税義務の判定はどうなる？

　事業譲渡による資産の移転は、消費税の納税義務判定にはいっさい影響がありません。つまり、事業を譲り受けた法人は、その事業譲渡の規模にかかわらず、基準期間又は特定期間における課税売上高により納税義務を判定すればよいということです。

　これに対し、現物出資や会社分割の手法による組織再編の場合には、分割法人の実績も考慮して、分割承継法人の納税義務を判定することにご注意ください（消法12）。

組織再編なら分割法人の実績も考慮される！

分割の確定と消費税の納税義務(1)

相続財産が未分割の場合の相続人の納税義務はどうなる？

　相続に関する税務相談がありました。依頼人は、本年4月に他界した被相続人の長男Aさんです。

Aさん　私の父親は不動産賃貸業を営んでおり、貸事務所や貸倉庫など、年間でおよそ3,200万円程度の家賃収入がありました。なお、居住用の賃貸物件はありません。

　賃貸物件については長男の私が相続するつもりでいたのですが、母はともかく、弟の奴がこれに難色を示しているのです。

　聞くところによりますと、改正により相続税の基礎控除が下がって、資産家でなくとも相続税を払わなければいけなくなるそうですね。そこで、相続税の申告ついでに弟の奴を説得してもらいたいのです。

税理士　遺産分割協議は税理士のテリトリーではありませんので、残念ながら弟さんの説得はできかねます。ただ、相続税を少なくするためのアドバイスであれば問題ありませんので、相続税のことなども念頭に置きながらご兄弟で話合いをされるのがよろしいかと思います。ところで、相続人はお母さんとご兄弟の3名でよろしいですか？

　また、各相続人のお仕事などについても教えてください。

Aさん　相続人は母と私、あと弟の3人です。母は年金生活者ですが、年金収入の他に月額2万円程度の駐車場の賃貸収入があります。私と弟はサラリーマンです。

税理士　亡くなられたお父様ですが、年間の家賃収入が3,200万円程度ということですので、所得税の申告の他に消費税の申告もされていたと思うのですが…

Aさん　簡易課税とかいう方法で申告をしていたようです。

税理士　今年の1月から4月までの期間分の確定申告書は提出しましたか？

Aさん　本年分の確定申告書は来年の3月15日までに提出すればいいんですよね？

税理士 …

 準確定申告を忘れないでください！

相続というと、とかく遺産分割や財産評価などに関心が偏りがちですが、相続税のことだけでなく、所得税や消費税の申告も忘れないようにしなければなりません。

被相続人の死亡した年分の申告につきましては、相続人が死亡日の翌日から4か月以内に申告書を提出することとされていますが、遺産分割が確定していない場合には、相続人は連名で申告書を提出する必要があります。

● 遺産分割前の家賃の帰属

Aさん　家賃は現在私名義の口座で管理しているのですが、実は弟の奴が「自分の取り分をよこせ」とうるさくて、何回かまとまったお金を渡したことがあるんです。今後、遺産分割が確定した場合には、これを精算することになると思うのですが、相続発生日から分割確定日までの家賃は最終的に物件を相続する者の収入として申告することになるのでしょうか？

税理士　遺産分割が確定するまでの家賃収入は、法定相続分割合に応じて分配することになっています。したがって、お母さんが2分の1でAさんと弟さんがそれぞれ4分の1を収入することになります。所得税についても、その収入に応じて申告する必要があります。

Aさん　遺産分割協議の結果、私が全て相続することになったとしても、分割確定までは法定相続分割合で申告するんですか？

税理士　そういうことになります。どのような分割協議の結果になろうとも、修正申告や更正の請求は必要ありません。

未分割財産から発生した賃料の帰属

　最高裁第一小法廷では、未分割財産から発生した賃料は、最終的な遺産分割の結果にかかわらず、賃貸不動産が共同相続人の共有に属するものであることを理由として、各共同相続人がその相続分に応じて取得するものと判示しています（平成17年9月8日判決）。

　これを受け、国税庁タックスアンサー（所得税）No.1376「不動産所得の収入計上時期」では、次のようなQ&Aを掲載しています。

> （未分割遺産から生ずる不動産所得）
> Q　賃貸の用に供している不動産を所有していた父が亡くなりましたが、遺言もなく、現在共同相続人である3人の子で遺産分割協議中です。この不動産から生ずる収益は長男の名義の預金口座に入金していますが、不動産所得はその全額を長男が申告すべきでしょうか。
> A　相続財産について遺産分割が確定していない場合、その相続財産は各共同相続人の共有に属するものとされ、その相続財産から生ずる所得は、各共同相続人にその相続分に応じて帰属するものとなります。
> 　したがって、遺産分割協議が整わないため、共同相続人のうちの特定の人がその収益を管理しているような場合であっても、遺産分割が確定するまでは、共同相続人がその法定相続分に応じて申告することとなります。なお、遺産分割協議が整い、分割が確定した場合であっても、その効果は未分割期間中の所得の帰属に影響を及ぼすものではありませんので、分割の確定を理由とする更正の請求又は修正申告を行うことはできません。

　実務上、相続が発生した年中に遺産分割が確定した場合には、各相続人の申告の手間を省くため、賃貸物件を承継した相続人が、相続発生時から事業を承継したものとして申告するケースが多いように見受けられます。
　しかし、上記の国税庁のQ&Aによれば、遺産分割協議が整わない限

分割の確定と消費税の納税義務(1)

り、このような簡便的な申告は認められないことになります。

また、遺産分割協議が整い、分割が確定した場合であっても、相続発生時に遡って更正の請求や修正申告を行うことはできないので、実務上、申告方法は選択制にはなっていないということにも注意する必要がありそうです。

 事業所得の取扱い

上記の最高裁判決は、共同相続人が賃貸不動産を共有管理していることが前提になっています。したがって、青果店のように事業所得としての申告が必要な事業についてまでも、被相続人の店舗が未分割であることをもって、その青果店の収支を各相続人が法定相続分に応じて申告する必要はないものと思われます。

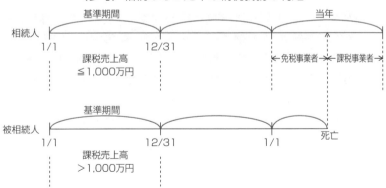

（参考）相続のあった年の納税義務の判定

分割の確定と消費税の納税義務(2)
大阪国税局の文書回答は…

Aさんは遺産分割について弟と話合いがまとまらず、イライラしています。

● 遺産分割の方法は？

Aさん 遺産分割についてですが、私が長男ですので賃貸物件は全て私が相続しようと考えています。問題ありませんよね？

税理士 遺産分割の方法につきましては、不合理分割などの特殊な場合を除き、税務上は何ら制限はありません。相続人の全員で合意すれば、遺留分も民法上の法定相続分も関係ありませんので、弟さんが了承しているのであれば何も問題ないと思いますよ。

　　ただ、Aさんが賃貸物件を全て相続することになると、Aさんは消費税の納税義務者になりますので注意してください。

Aさん 分割の仕方によっては消費税を払わなくて済むこともあるということですか？

税理士 財産が未分割の場合や分割承継をした場合は、法定相続分や承継財産に応じて納税義務を判定することになっています。

● 分割確定後の賃料はどうなる？

Aさん 今年（平成30年）中に分割が確定した場合には、相続発生日から分割確定日までの賃料についてだけ、法定相続分割合で納税義務を判定することになるのでしょうか？　そうすると、父の前々年（平成28年）の課税売上高は3,200万円なので、分割確定時までの賃料について、母だけ納税義務があるということですね。

　　（母の納税義務判定）
　　3,200万円×1／2＝1,600万円＞1,000万円
　　（Aさんと弟の納税義務判定）
　　3,200万円×1／4＝800万円≦1,000万円

税理士 年の中途において遺産分割が確定した場合には、民法909条（分割の遡及効）の規定に基づき、遺産の分割は相続開始の時に遡ってその効力を生ずることとされています。したがって、Aさんが賃貸物件の全てを相続する場合には、Aさんは相続発生時からの賃料全てについて納税義務を負うことになります。

Aさん （驚きながら）所得税の申告は分割確定時までは法定相続分割合に応じて4分の1だけ申告すればいいんですよね？
なんで消費税だけ母親や弟の分まで負担させられるんですか？

大阪国税局の文書回答

　相続があった年中に遺産分割協議が確定した場合における共同相続人の納税義務判定については、大阪国税局の文書回答（平成27年3月24日付）が公開されています。これによると、相続があった年であっても、法定相続分割合で相続人の納税義務を判定してよいこととなっていますので、Aさんは相続があった平成30年中は免税事業者となることができます。
　従来は、「相続発生時に遡って納税義務を判定する」という税理士さんの説明が実務における指針となっていました。しかし、大阪国税局の文書回答が公開されたことにより、その取扱いが大きく変わったということに注意する必要があります。

遺産分割が翌年にもつれ込んだ場合

Aさん 平成31年分の私の納税義務はどうなりますか？

税理士 30年末に遺産分割が確定していれば、31年分は基準期間である29年中の被相続人とAさんの課税売上高の合計額で判定します。結果、Aさんは課税事業者となります。

Aさん 遺産分割が31年にもつれ込んだ場合にはどうなりますか？

税理士 前年に相続があった場合の共同相続人の納税義務判定については、東京国税局の文書回答（平成24年9月18日付）により、法定相続分割合で相続人の納税義務を判定することになっています。したがって、分割確

定が31年の場合には、Aさんは31年分についても納税義務はありません。

Aさん ということは、30年中に遺産分割をすると損をするということですね？ 31年になってから遺産分割をすれば、結果的に私が物件の全てを相続したとしても、31年分までは免税事業者でいられることになる。相続税の申告書は10か月以内に提出すればいいわけだから、年明け早々の分割確定を目指して弟と協議することにします。

税理士 くれぐれもお願いしておきたいのですが、相続税の申告期限までには必ず遺産分割は確定させてください。でないと、配偶者の税額軽減や小規模宅地等の特例が使えなくなって大変なことになりますからね。

駐車場の賃貸収入にも課税されるか？

Aさん 平成30年中に遺産分割が確定し、賃貸物件を全て私が相続することになった場合には、私の母の平成30年中の納税義務はどうなりますか？

税理士 法定相続分割合で判定するとお母さんは30年分は課税事業者となります。よって、相続発生日の翌日から分割確定日までの間に生ずる相続物件の家賃収入のうちの法定相続分（1／2）、あと、月額2万円の駐車場の賃貸収入についても納税義務が発生することになります。

Aさん 今まで課税されていなかった駐車場の賃貸収入についても課税されるんですか？

税理士 確かに妙な感じではありますが、相続による事業承継分と、既存の賃貸物件で切り分けて申告するのも現実的ではありません。31年分からは課税されませんので、ここは割り切るしかないように思います。

相続税の申告期限までには遺産分割を確定させる！

分割の確定と消費税の納税義務(2)

 分割確定後の賃貸収入はどうなる?

　消費税法基本通達1-5-5（共同相続の場合の納税義務）では、「…相続財産の分割が実行されるまでの間は…」と定めています。そうすると、分割確定後のお母さんの納税義務判定は、法定相続分割合によらなくてもよいのでは…という意見もでてきそうです。

　ただ、東京国税局と大阪国税局の文書回答にも記載があるように、事業者が課税事業者になるか否かは事前に予知しておく必要があることを考慮すれば、分割確定後の駐車場の賃貸収入であっても、納税義務は免除されないことになるものと思われます。

（参考）相続のあった年の翌年の納税義務の判定

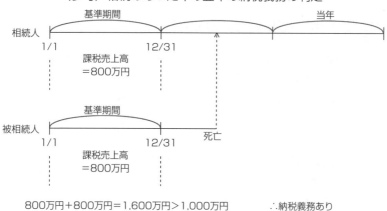

800万円＋800万円＝1,600万円＞1,000万円　　∴納税義務あり

分割の確定と消費税の納税義務(3)
共有相続はどうなる？

　Aさんは遺産分割について弟と話合いがまとまらないため、分割承継の方向で検討を始めたみたいです。

Aさん　遺産分割について弟と相談しているのですが、どうにもがめつい奴でどうしても賃貸物件を承継させろと言うんです。仕方がないので賃貸物件は分割承継をする方向で考えたいと思います。

税理士　（「がめついのはどっちだよ！」と思いながら）分割承継をした場合には、分割の割合によって相続人の納税義務が変わってくることがあります。どんな形の分割を予定していますか？

 分割承継をした場合の納税義務判定

　分割承継をした場合には、各相続人が承継した事業場についてだけ、納税義務の判定計算に考慮することになっています（消令21①）。
　例えば、被相続人がLとMという二つの貸店舗を持っていて、それぞれの年間賃貸料収入が、Lが600万円、Mが800万円だったと仮定します。この物件について、Aさんがどちらの物件も相続すれば、判定計算に用いる被相続人の課税売上高は1,000万円を超えるため、Aさんは課税事業者となります。
　これを兄弟仲良く分割承継をすれば、Aさんと弟さんはどちらも消費税の納税義務が免除されることになるということです。

 賃貸物件を売却した場合

　上記のケースにおいて、M店舗を相続発生年の前年中に売却し、その売却代金（現預金）を弟が相続した場合には、事業を承継したのはAさ

んだけであり、分割承継には該当しないことになります。結果、被相続人の基準期間における課税売上高は、L店舗の賃貸収入とその翌年に売却したM店舗の賃貸収入の合計額（600万円＋800万円＝1,400万円）となり、長男の納税義務は免除されないことになるものと思われます。

では、被相続人がL・M・Nという三つの賃貸物件を保有しており、このうち、N店舗を相続発生年の前年中に売却した上で、L店舗をAさん、M店舗を弟さんが承継した場合にはどうなるのでしょうか…。N店舗は相続人のいずれもが承継していないことから、N店舗の基準期間中の賃貸収入は、各相続人の納税義務判定には影響しないものと考えてよいのでしょうか？

共有相続はどうなる？

Aさん 相続物件の中に年間の賃貸収入が2,000万円クラスの貸ビルがあります。これについてはどちらが相続してもしこりが残りそうなので、私と弟の共有にしたいと考えています。共有相続の場合の納税義務の判定はどうなりますか？

税理士 兄弟で共有ですか…、私はあまりお勧めしたくありませんけどね…。

Aさん せっかくのお気遣いですが、私たちに相続が発生するのはまだまだ先の話です。未来のことなんかどうでもいいんですよ！

税理士 （半ば呆れながら）共有相続については、分割承継のように相続人が事業場ごとに分割して事業を承継するものではありません。よって、分割承継のような取扱いはないようにも考えられます。

しかし、共有で賃貸物件を相続するということは、その実態は分割承継と何ら異なるものではありません。こういった理由から、共有により賃貸物件を相続したような場合には、その持分割合に応じて被相続人の課税売上高を算定し、納税義務判定をすることが認められているようです。

事業承継後に物件を売却した場合

　日本税務研究センターでは、相談事例 Q&A に次のような事例を掲載しています。

> （相続があった年の納税義務の特例）
> 質　問：被相続人は飲食店と住宅用アパートを経営し、基準期間の課税売上高は1,000万円を超えていました。無職である相続人は、飲食店は廃業し、アパート経営は承継しました。同年中にアパートを譲渡する場合、相続人は課税事業者、免税事業者のどちらですか。
> 回　答：課税事業者と考えます。その年に相続があった場合において、その年の基準期間における課税売上高が1,000万円以下である相続人が、当該基準期間における課税売上高が1,000万円を超える被相続人の事業を承継したときは、消費税法第9条第1項本文の規定を適用しないと規定されています。
> 　基準期間における課税売上高は事業者単位で算定し、被相続人の事業を承継したときとは、相続により被相続人の行っていた事業の全部又は一部を継続して行うため財産の全部又は一部を承継した場合をいいます。

　ここで上記の事例を参考に、分割承継のケースを検討してみたいと思います。相続人が兄弟２人おり、長男が飲食店を承継し、次男がアパート経営を承継後にアパートを譲渡した場合の納税義務はどうなるでしょう…長男は前々年の飲食店の売上高が1,000万円を超える場合には課税事業者となります。次男については、アパートの家賃はあらかたが非課税ですので免税事業者になるものと思われます。結果、相続があった年中にアパートを譲渡しても、その譲渡について消費税が課税されることはありません。

　長男と次男のいずれもが飲食店を承継せずに廃業した場合には分割承継には該当しませんので、本事例の回答のとおり、相続人（次男）は課税事業者になるものと思われます。

分割の確定と消費税の納税義務(3)

 事業を承継しないで物件を売却した場合

　相続があった場合の納税義務の免除の特例は、被相続人の事業を相続人が承継することが前提となっています（消法10①）。したがって、事業を承継せずに相続物件を処分しても、その行為に対して消費税が課税されることはありません。ただし、不動産賃貸の場合には、相続発生後の賃料収入はいずれかの相続人に帰属させざるを得ないため、相続と同時におのずと事業承継の事実も確定することになるものと思われます。

　飲食店を承継してからしばらくして店舗を売却処分した場合、その行為は事業用資産の譲渡として課税の対象となります。では、飲食店を承継せずに廃業した場合には、その後に店舗を売却処分しても課税されないと理解してよいのでしょうか？　個人事業者の消費税実務はどうにもよく分かりません…。

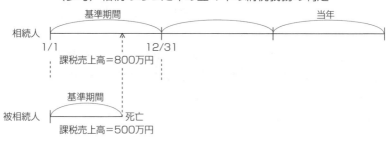

（参考）相続のあった年の翌々年の納税義務の判定

800万円＋500万円＝1,300万円＞1,000万円　　∴納税義務あり

特定新規設立法人って、なんだ？(1)

新設の法人には複雑怪奇な納税義務判定が…

税理士仲間の会話です。

税理士A　新設法人の納税義務判定で、また改正があったみたいだね。

税理士B　特定新規設立法人の取扱いでしょ。条文読んでみたんだけど、何が規定されているのかよく分かんないんだよね……。

税理士A　何でこんなに立て続けに納税義務判定の改正があるわけ？　僕には納税者いじめにしか思えないんだけど……。

 改正の経緯

　ここ数年の納税義務判定に関する改正をおさらいしてみると、まず、平成22年度改正では、自販機を利用した消費税の還付スキームに対する対抗措置として、課税事業者を選択した場合の拘束期間の延長及び課税選択期間中の簡易課税制度の適用禁止などの改正が行われました。これに加え、平成23年度改正では、新設法人の免税期間を利用した節税スキームを封じ込めるべく、直前期の上半期における課税売上高により納税義務を判定する旨の改正が行われたことにより、消費税実務は今まで以上に複雑怪奇なものに変化してしまいました。

　これに輪を掛けるように行われたのが、社会保障・税一体改革法により創設された「特定新規設立法人の納税義務の免除の特例」です。A先生のおっしゃるように、正に納税者いじめの改正です！　場当たり的で粗雑な改正により、実務の現場は混乱の一途を辿っているのです！

● 会計検査院

税理士A　平成22年度改正は、確か会計検査院の改善指導がきっかけになったんだよね。新聞報道などで自動販売機スキームが問題になったんで、

特定新規設立法人ってなんだ？(1)

　　　　財務省が仕方なく改正法案を作成したって噂だよ。
税理士Ｂ　特定新規設立法人の規定も、どうやら会計検査院の指導がきっかけになっているらしいんだ。
税理士Ａ　財務省ってのは、会計検査院に叱られないと何にもしないんだね。叱らないと宿題をやらないうちの息子みたいだ（笑）。

 平成23年度改正と会計検査院の指導事項

　資本金1,000万円未満で設立した法人は、設立事業年度とその翌事業年度は基準期間そのものが存在しないことから、どんなに多額の売上げがあったとしても免税事業者になることができます。また、諸外国のようにインボイス制度を採用せず、帳簿方式で仕入控除税額を計算する日本の消費税システムでは、課税仕入れの相手方が課税事業者か免税事業者かを判断することができないという課税技術上の問題点があります。

　この問題点を解消すべく、現行消費税法では、免税事業者や消費者からの仕入れも課税仕入れに取り込むことを認めているのです（消基通11－1－3）。

　実務の世界では、計画的に資本金1,000万円未満で法人を設立し、この免税事業者である新設法人に支払った外注費や人材派遣料を仕入控除税額の計算に取り込んで節税を図ろうとする動きがあります。

　そこで、平成23年度改正では、新設法人を使った上記のような節税スキームを是正するために、事実上小規模事業者とはいえないような新設法人などを、１年前倒しで課税事業者に取り込むこととしたものです。しかし、平成23年度改正には、次の①～③のように適用除外となるケースが数多くあります。

① 設立事業年度の納税義務は免除されたままであること
② 設立事業年度が７か月以下の場合には、その翌事業年度についても免税事業者になることができること
③ 特定期間中の課税売上高と給与等の支払額のいずれかが1,000万円以下であれば免税事業者になることができること

　これに加え、平成23年10月17日、会計検査院から財務省に対し、消費税

の事業者免税点制度のあり方について再検討を求める旨の報告が行われました（会計検査院法第30条の2の規定に基づく報告書～平成23年10月／会計検査院）。

同院は、平成18年中に設立された資本金1,000万円未満の新設法人などを対象に抽出検査を実施した結果、次のような問題点を指摘しています。

① 新設法人であっても設立事業年度からかなりの売上高を有する法人が相当数ある。
② 個人事業者が法人成りをし、かなりの売上高を有しているのに、設立第1期と第2期が免税事業者となるケースが相当数ある。
③ 資本金1,000万円未満で法人を設立し、設立第2期になってから増資をする法人がある。
④ 免税期間を経過した設立第3期以降に解散してしまう法人がある。

今回の改正は、会計検査院の指摘事項もさることながら、上記のような平成23年度改正の不備を補うことが目的ではないかと推察されるのです。

 改正の概要

大規模事業者等（課税売上高が5億円を超える規模の事業者が属するグループ）が、一定要件の下、50%超の持分や議決権などを有する法人を設立した場合には、その新規設立法人の資本金が1,000万円未満であっても、基準期間がない事業年度については納税義務は免除されないこととなりました。

また、これらの事業年度開始日前1年以内に大規模事業者等に属する特殊関係法人が解散した場合であっても、新規設立法人は免税事業者となることはできません（消法12の3、消令25の2～25の4）。

新設法人を利用した租税回避スキームのなかには、法人を設立して2年間は免税事業者として多額の売上げを計上し、

特定新規設立法人ってなんだ？(1)

課税事業者となる3期目の直前に法人を解散してしまうような悪質な事例もあったようです。実態がなければ当然に否認されますが、用意周到に実態を取り繕っておけば、現行消費税法ではこれを否認することはできません。なぜならば、消費税法には同族会社の行為計算否認の規定がないからです！

　幸いなことに、本改正は課税売上高が5億円という高いハードルで導入されていますので、あらかたの新設法人は適用除外になるものと思われます。ただし、このような鬱陶しい規定が新設されたということには注意しておく必要があるでしょう。

【具体例1】大規模事業者等により新設された法人の取扱い

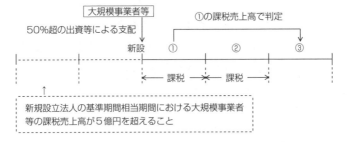

【具体例2】解散法人がある場合の設立事業年度の取扱い

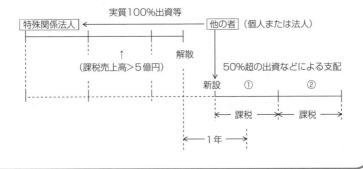

特定新規設立法人って、なんだ？(2)
内縁関係者や妾の持株も判定対象に…

税理士A （条文を読みながら）特定新規設立法人の納税義務の免除の特例は、<u>特定要件に該当する新規設立法人</u>に適用するって書いてある。この「特定要件」って、会社分割があった場合の納税義務判定に出てくる要件のことだよね。

税理士B 僕が消費税法の試験に合格したときに「分割の特例」が理論で出題されたんだ。他の受験生がほとんどノーマークだったもんだから、これが書けた受験生はあの年に軒並み合格できたみたいだね。

税理士A O学校のK先生は、納税義務免除の特例規定では、まずは「相続」、次に「合併」、「分割」は絶対に出題されません！って自信満々で言い切ってたもんね。

あいつのおかげで僕はあの年不合格になったんだ。とにかくヤマが当たらないことで有名な先生だったからね。

税理士B K先生が「出ない」と言ったところだけ暗記すれば合格できる（？）という噂もあったみたいだね…。

おかげで僕はあの年に無事に合格できたということさ（笑）。

 特定要件とは？

ずいぶんと言いたい放題言ってくれてるようですが、事実には違いないので否定するのはやめときましょう…。

ところで先生方、喧嘩を売るワケじゃありませんが、条文の読み込みがちょっと甘いんじゃないですか？　「特定要件」という用語は確かに分割の特例が規定されている12条の第3項にも出てきますが、特定新規設立法人について規定している12条の3の第1項に規定されている「特定要件」とはその内容は異なるものです。同じ法律で、しかも似たような条文番号に規定されていますので、紛らわしいのは事実です。しかし、消費税法19

特定新規設立法人ってなんだ？(2)

条に規定する「課税期間」の定義と国税通則法2条1項9号に規定する「課税期間」の定義が異なるように、同じ単語でも、税法上その定義が異なることは多々あるのです。

　大規模事業者等による支配要件として規定されている「特定要件」とは、大規模事業者等が次の①から③のいずれかに該当する場合をいいます（消法12の3①、消令25の2①～③、25の3①）。

① 新規設立法人の発行済株式等を直接又は間接に50％超保有すること
② 新規設立法人の事業計画などに関する重要な議決権を直接又は間接に50％超保有すること
③ 新規設立法人の株主等の数の50％超を直接又は間接に占めること

　なお、特定要件の判定をする場合における大規模事業者等の範囲には、そのグループに属する個人又は法人の100％支配会社である子会社や孫会社、ひ孫会社が含まれます。この他にも、グループに属する個人の親族や内縁関係者、使用人や妾などの特殊関係人の保有株式数なども加算して判定することとされています。

● 租税回避行為になるか？

税理士A　課税売上高が5億円を超える同族会社の社長さんが節税対策で法人を設立する場合なんだけど、社長さんや主催会社が新設法人に出資したら、その新設法人は1期目から課税事業者になってしまう。特定新規設立法人の特例規定を回避するために、自らの持株や議決権は50％以下にしておいて、取引先の社長や顧問税理士とかに持株などを分散させたらどうなるだろう？　僕は免税事業者になれるような気がするんだけど…。

税理士B　それって租税回避行為になるんじゃないの？

税理士A　租税回避行為だろうがなんだろうが、違法でなければいいんじゃないか？

課税事業者になります！

　個人又は法人との間で、その個人又は法人の意志と同一内容の議決権を行使することに同意している者がある場合には、その議決権は上記②の議決権の数に含め、また、その者は③の株主等の数に含めて判定することとされています（改正消令25の2④）。

　結果、持株や議決権を分散させたとしても、新規設立法人の納税義務は免除されません。

　ところで、B先生が危惧する租税回避行為についてですが、租税回避行為とは、合理的理由のない異常な取引により、税負担の軽減を行うことをいいます。租税法律主義の下では形式的には合法となりますが、租税公平主義の観点からは問題があるものと考えられています。ただし、実務上は「節税」との境界線が難しく、税務調査で問題となることも多いようです。

　一方、税理士法第1条では、税理士の使命について、「税理士は、税務に関する専門家として、独立した公正な立場において、申告納税制度の理念にそって、納税義務者の信頼にこたえ、租税に関する法令に規定された納税義務の適正な実現を図ることを使命とする」と規定しています。つまり、A先生の発言は税理士法第1条に抵触することになるのです。くれぐれもご注意ください。

特定要件の判定はどうする？

税理士A　特定要件の判定は内縁関係者や妾のような特殊関係人の保有株式数なんかも考慮して判定することとされている…ということは、新規設立法人は、自分の会社の筆頭株主だけじゃなくて、その株主の妾なんかの持株や議決権、株主間の関係なんかも調べないといけないわけ？

税理士B　社長の内縁関係者や妾なんてどうやって調べればいいんだろう…株主名簿をしらみつぶしに当たるしかないのかな…「貴女は○○さんの愛人ですか？」なんて、現実問題として無理だよね（笑）

特定新規設立法人ってなんだ？(2)

 情報提供義務があります

　大規模事業者等は、新設法人から課税売上高が５億円を超えるかどうかの判定に関し、必要事項についての情報提供を求められた場合には、これに応じなければならないこととされています（消法12の３④）。

　ただし、情報提供の具体的な方法、情報提供に応じなかった場合の罰則などは設けられていないようです。

　平成23年度改正もそうですが、いたずらに制度を複雑にしただけで、何だかスッキリしない、後味の悪い改正だと感じています。

新規設立法人って、なんだ？

新設法人、新規設立法人、特定新規設立法人？？？

　税理士のA先生は、会社設立に伴う資本金の額について税務相談を受けました。資本金が1,000万円を超えると住民税の均等割が高くなりますので、資本金は1,000万円以下で設立するようにアドバイスしたところ、相談者は司法書士に依頼して、ジャスト1,000万円の資本金で会社設立をしました。

　結果、新設法人は設立事業年度から消費税の課税事業者となったため、相談者はカンカンです。A先生は相談者から賠償請求を受け、ガックリしているところです。

税理士A　1,000万円の資本金だと住民税の均等割は最低の7万円でいいのに、何で消費税は納税義務者になるんだろう…。

税理士B　消費税の世界では、資本金が1,000万円以上の新設法人は、小規模事業者ではないということらしいんだ。地方税法と消費税法はあくまでもベツモノだから、ここは区別しておかないといけないんだろうね。

税理士A　賠償額をなるべく安くするためにはどうしたらいいと思う？

税理士B　（「タダで聞くのかよ！」と思いながら）設立事業年度中に減資をして資本金を1,000万円未満にすれば、設立2期目は免税事業者になることができるはずだから、決算期の変更とセットで検討してみたらどう？

税理士A　なるほど！それは妙案だ。

 新設法人の納税義務

　期首の資本金が1,000万円以上の新設法人は、基準期間がない設立事業年度とその翌事業年度は無条件に納税義務者となります（消法12の2）。新設法人に該当するか否かの判定は、基準期間がない設立事業年度とその翌事業年度の期首における資本金の額で判定することになりますので、B先生のおっしゃるように、設立事業年度中に資本金を1,000万円未満に減

新規設立法人ってなんだ？

資することにより、設立2期目は免税事業者になることができます。

● 設立2期目の初日の減資はどうなる？

税理士A （珍しく条文を読みながら）消費税法12条の2の1項では、「…事業年度開始の日における資本金の額…」と規定している。…ということは、無理に設立事業年度中に減資をしなくても、決算期変更と同時に2期目の期首に減資をすれば、2期目は免税事業者になれるということだ！

税理士B それはどうだろう…。3月決算法人が2期目の期首の4月1日に減資をしたらOKで、4月2日の減資はダメってことになったらおかしくないかい？僕は事業年度開始の日というのは、4月1日の午前零時を意味すると思うけどね…。

税理士A でも、条文を文理解釈で読んでいくと、2期目の初日の減資でも免税事業者になれるように読めないかい？それに、第一法規出版から発刊されている「こんなときどうする消費税」の411頁には設立2期目の初日の減資で2期目は免税事業者になる！とはっきり書いてある。お値段の高い加除式の本に書いてあるんだから問題ないんだよ。

税理士B …

 減資の効力発生日はいつになるのか？

B先生の意見は至極ごもっともなのですが、筆者はA先生の意見に賛成です。減資の効力は、債権者保護手続きの期間中に異議を述べる債権者がいなかった場合には、株主総会で定めた効力発生日に発生します。そうすると、その効力発生日の午前零時に自動的に減資の効力が生じることになりますので、事業年度開始の日における減資であっても、新設法人の特例は適用除外ということになるように思えるのです。

新設法人と新規設立法人

税理士A 資本金が1,000万円未満の新設法人は、特定新規設立法人に該当しない限りは免税事業者になれるんだよね？

税理士B 基準期間がない法人のうち、期首の資本金が1,000万円以上の法人を「新設法人」と定義している。よって、資本金が1,000万円未満の新設法人は存在しないということになる。消費税法12条の3の1項では、基準期間がない法人のうち、期首の資本金が1,000万円未満の法人のことを「新規設立法人」と定義し、このうち、大規模事業者等に支配されている新規設立法人を「特定新規設立法人」と定義して、課税事業者に取り込むこととしたわけだ。

税理士A 「新設法人」と「新規設立法人」と「特定新規設立法人」…なんか頭がクラクラしてきたよ…。

税法条文は読み辛い…

　A先生のおっしゃるとおり！税法条文というのは何でこんなに読み辛いのでしょう…。

　消費税法の条文のうち、奇妙な規定をいくつか紹介してみたいと思います。

　まずは「特定要件」という用語です。これは消費税法の12条3項と12条の3の1項に定義されています。消費税法12条3項に規定する「特定要件」は、会社分割があった場合の分割子（親）法人の納税義務の判定要素となるものです。これに対し、12条の3の1項に規定する「特定要件」は、新規設立法人が特定新規設立法人に該当するかどうかを判定するための要件となるものですから、同一用語であるにもかかわらず、その意味は全くベツモノということになるのです。

　次に「基準期間における課税売上高」の定義です。消費税法9条2項では、基準期間が1年でない法人について、基準期間中の課税売上高を年換算する旨を定めています。これを受け、消費税法11条4項では、新設合併があった場合の納税義務判定において、合併新設法人の基準期間中の課税

新規設立法人ってなんだ？

売上高を年換算した金額が1,000万円未満の場合に限り、合併新設法人と被合併法人の課税売上高により二次判定をすることになっています。ところが、二次判定に用いる合併新設法人の基準期間中の課税売上高は、年換算しない「実額」によることとなっていますので、11条4項に書かれている「基準期間における課税売上高」は、年換算する金額としない金額が混在することになるのです。文章だとイメージが摑めないと思いますので、ぜひ原文を読んでみてください。「○条○項において同じ」という法律の書き方にイライラしているのは筆者だけではないと思います。

第九条　小規模事業者に係る納税義務の免除

2　前項に規定する基準期間における課税売上高とは、次の各号に掲げる事業者の区分に応じ当該各号に定める金額をいう。

二　基準期間が一年でない法人　基準期間中に国内において行った課税資産の譲渡等の対価の額の合計額から当該基準期間における売上げに係る税抜対価の返還等の金額の合計額を控除した残額を当該法人の当該基準期間に含まれる事業年度の月数の合計数で除し、これに十二を乗じて計算した金額

………

第十一条　合併があった場合の納税義務の免除の特例

4　合併があった場合の当該事業年度開始の日の二年前の日から当該事業年度開始の日の前日までの間に合併があった場合において、当該合併法人の当該事業年度の基準期間における課税売上高（「事業年度の基準期間中の国内における課税資産の譲渡等の対価の額の合計額から事業年度の基準期間における売上げに係る税抜対価の返還等の金額の合計額を控除した残額をいう。以下この項において同じ。」）と各被合併法人の当該合併法人の当該事業年度の基準期間に対応する期間における課税売上高として政令で定めるところにより計算した金額との合計額（当該合併法人の当該事業年度の基準期間の初日から当該事業年度開始の日の前日までの間に合併があった場合には、政令で定めるところにより計算した金額）が千万円を超えるときは、第九条第一項の規定により消費税を納める義務が免除されないものを除く）の当該事業年度（その第九条第一項に規定する基準期間における課税売上高が千万円以下である事業年度に限る）における課税資産の譲渡等及び特定課税仕入れについては、同条第一項本文の規定は、適用しない。

単段階課税と多段階課税

　昭和の時代に贅沢品のみを対象として課税していた物品税法は、いわゆる「単段階課税方式」を採用していました。

　「単段階課税方式」とは、物品の流通過程の一時点のみを捉えて課税する制度です。具体的には、宝石などの第一種の物品については小売段階で課税し、自動車などの大手メーカーで製造する第二種の物品については、製造場から出荷する段階で課税していました。

　宝石などの第一種の物品を小売段階でしか課税しないということになると、納税事務負担が、零細事業者が集中する小売業者にだけ偏ってしまうという問題が生じます。また、問屋から直接購入した場合には課税されないということであれば、「こっそり問屋に買いにいこう…」と考えたくなるのも、また消費者心理ではないでしょうか…。

　自動車などの第二種の物品についても、出荷時点でしか課税しないということになると、その卸売価格が適正かどうかということが大きな問題となります。

　例えば、物品税の負担を少なくするために、関係会社に対する卸値を安く設定するようなことも起こりうるでしょう。

　このように、「単段階課税方式」における課税技術上の問題点は、非常に多かったのです。

　ご承知のように、消費税は取引の都度課税する「多段階課税方式」を採用しています。この方法によれば、最終消費者の負担する消費税を、各取引段階にいる事業者がそれぞれ分担して納税することになり、「単段階課税方式」の課税技術上の欠陥を解消することができるのです。

第4章

仕入税額控除トラブルを粉砕する！

～複雑怪奇！仕入税額控除制度

95％ルールの改正はココに注意！
みなさん個別対応方式の準備をしてますか？

とある会社の経理部での会話です。

Aくん 95％ルールの改正だけど、5億円っていう売上高の適用ラインは低すぎると思うんだ。23年間も95％ルールを無制限に認めてきたんだから、せめて上場企業に限定するとか、もう少し融通を利かせてくれてもよかったんじゃないのかな？

Bくん イギリスの消費税は課税売上割合や事業者の売上規模に関係なく、仕入控除税額は原則として按分計算が義務付けられているらしいんだ。日本みたいに課税売上割合が95％以上であれば、マンションの建築費でも、なんでもかんでも控除できるという制度の方が異常だったのかもね。

Aくん でも、課税仕入れの用途区分なんて今まで全くやってこなかったわけだから、いざやろうと思っても、急にはできないよ。

Bくん 課税売上割合が95％以上で全額控除をしている事業者でも、突発的に土地を譲渡した場合には、その課税期間だけは課税売上割合が95％未満となって按分計算が必要になる。常日頃から課税仕入れの用途区分はやってこなくちゃいけなかったわけだから、要は今まで楽をしてきたツケが廻ってきたということなんじゃないの？

 95％ルールの改正とは？

95％ルールは、個別対応方式を適用する場合の課税仕入れの用途区分の煩雑さを考慮して設けられたものですが、このような特例的な計算手法は、経理処理能力のある大企業についてまで認めるべきではないという意見が以前からありました。名古屋税理士会の井藤丈嗣氏によれば、上場企業14社の決算数値をサンプルに調査したところ、各社の課税売上割合がすべて99％以上であるにもかかわらず、全額控除による益税が119億7,600万円になるとの試算がされています（第32回日税研究賞入選論文集《財団

95%ルールの改正はココに注意！

法人日本税務研究センター・平成21年8月発行》189頁〜214頁より)。
　このことからも、この制度が事業者免税点や簡易課税制度などにより生ずる益税とは比べものにならないくらいの問題を抱えていることが伺えます。そこで、平成23年度改正では、かねてより益税批判の強かった95%ルールが改正され、課税期間中の課税売上高が5億円を超える規模の事業者は、課税売上割合が95%以上でも個別対応方式か一括比例配分方式による按分計算が義務付けられることになったのです。

一括比例配分方式でいいのでは？

Aくん　ウチの会社は非課税売上げといっても受取利息と社宅使用料収入くらいしかないもんだから、課税売上割合はいつも99%あたりで推移している。だったら無理して個別対応方式を適用しなくたって一括比例配分方式でもいいんじゃないの？

Bくん　それはどうだろう…ウチの年商がおよそ70億円で紐付きの仕入高が50億円くらいだよね。50億円の8%が4億円だから、個別対応方式を適用すればこれが全部控除できることになる。一括比例配分方式の場合には、4億円の1%の400万円が控除できずに納付税額に加算されるわけだから、やっぱり個別対応方式を使わないとまずいんじゃないの？

継続適用義務に注意する！

　Bくんのおっしゃるとおりだと思います。業種とかその期の状況により異なりますが、手間がかかる分だけ個別対応方式が有利になるケースが圧倒的に多いわけですから、常に個別対応方式を適用するための準備を怠らないようにすべきです。
　また、一括比例配分方式を適用した場合には、課税期間が1年サイクルの場合、2年間の継続適用義務があることにも注意する必要があります（消法30⑤）。
　一括比例配分方式を採用した翌課税期間において、たまたま運悪く土地を譲渡して課税売上割合が急激に低下してしまったような場合には、個別

対応方式を適用することは認められないことになりますのでくれぐれもご注意ください。

 当期の売上高で判定する理由は…

　95％ルールの判定に用いる課税売上高ですが、基準期間ではなく、なぜか当課税期間の課税売上高により判定することになっています。95％ルールが事務処理の煩雑さに考慮して設けられたものであることを考えると、どこか違和感を感じてしまいます。

　例えば、年間の課税売上高が4億円程度で推移している事業者が、95％ルールを使うことを前提に、個別対応方式を適用するための用途区分をしていなかったとしたらどうでしょう…想定外に業績が上がり、期末になって売上高が5億円を超えることが確実になったとしても、期首に遡って用途区分をすることは、時間的にも技術的にも不可能です。

　また、固定資産の譲渡など、臨時的な課税売上高が発生した場合にも、単年度だけ売上高が突出し、結果として95％ルールを使えなくなることが危惧されるのです。

　商品仕入高や荷造運送費など、明らかに課税売上げにのみ対応するものは期首に遡って勘定科目別にざっくりと区分すればいいとしても、交際費や旅費交通費などの販売管理費は、個々にその用途を判断する必要があるわけですから、処理済みの仕訳をもう一度チェックするのは時間的にも技術的にも難しいと思います。したがって、95％ルールの適用ラインについても、納税義務の判定と同じように、基準期間における課税売上高で判定すべきではないかと感じているところです。

小規模関与先も影響アリ!? 95%ルールの改正
ゆくゆくは5億円の適用上限額も引き下げになる？

税理士仲間の会話です。

A税理士 95%ルールの改正に僕はとても迷惑している。中小企業から発生する益税なんてたかがしれてるんだから、5億円なんていうチマチマした金額じゃなくて、100億円くらいでラインを引いてくれればよかったと思うんだ。

B税理士 A先生みたいに優良な顧問先をいっぱい抱えてる事務所は大変だよね。(嫌みたっぷりに)ウチみたいなチョー零細事務所は5億円でも特段不満はないけどね。

A税理士 課税売上高が5億円以下のところは95%ルールが今後も使えるわけだから、個別対応方式の準備も必要ないんだよね。

B税理士 課税売上高が4億円くらいのクライアントはどうするの？ 業績が伸びてる会社であれば、95%ルールが使えなくなることも考えられると思うんだけど…。

A税理士 そんなときには仕方がないね…一括比例配分方式で我慢してもらおうかと思ってる。

 5億円のラインは改正で引下げになる？

　課税期間中の課税売上高が5億円以下の事業者は、課税売上割合が95%以上であれば、課税仕入れ等の税額を全額控除することが認められています(消法30①)。こういった理由から、課税売上高が5億円を超える規模のクライアントについてだけ、個別対応方式を適用するための準備をすればよいと安易に考えている税理士さんは存外に多いようです。

　注意したいのは、5億円という適用上限額や95%というラインは、今後の改正により徐々に縮小されていく可能性があるということです。

　イギリスにも、かつては日本と同じように95%ルールがありました。

しかし、改正のたびに1％ずつハードルを引き上げていき、ついには1987年の改正で廃止したという経緯があるのです。日本の消費税も同じような運命を辿るのではないでしょうか…？

また、簡易課税制度の適用上限額は、消費税導入当初は5億円であったものの、数回の改正を経て、現在は当初の10分の1である5,000万円まで引下げになっています。

こういった改正の経緯を考えると、95％ルールの適用上限額についても、今後の改正で徐々に引き下げられる可能性が高いように思えるのです。

● 簡易課税制度の改正

A 税理士 簡易課税制度なんだけれども、まさか廃止になる、なんてことはないよね？

B 税理士 理論的には廃止すべきなんだろうけれども、現実的に無理だと思うよ。年収1,000万円前後の小規模事業者に、あの異常なまでの帳簿と請求書等の記載と保存を義務付けたら実務が機能しなくなると思うんだ。

適用上限額の更なる引下げも？

簡易課税制度については、現在、適用上限額が5,000万円に設定されていますが、おそらくは、この適用上限額も、将来的にはさらに引き下げになるものと思われます。簡易課税の適用上限額は、平成15年度の改正時に、いったんは3,000万円で決定したものの、事業者免税点の3,000万円から1,000万円への引下げと同時期になることに配慮して、急転直下、年末に5,000万円で決着した経緯があります。したがって、今後の改正により、2,000万円〜3,000万円程度までの引下げは覚悟しておいたほうがいいように思うのです。

デンマークのように簡易課税制度のない国や、フランスのようにフォルフェ制度（協約課税）という簡易課税に類する制度を廃止した国もあります。B先生の仰るように、理論的には簡易課税は廃止すべきです。しかし、中小事業者の記帳義務などを考えると、現実的には廃止は無理だと感

小規模関与先も影響アリ!? 95%ルールの改正

じています。

 個別対応方式の重要性と改正の行方

　ご承知のように、消費税の実効税率は、平成26年４月１日から８％引き上げられ、また、2019年10月１日からは10％に引上げになることが決定されています。また、野田前総理大臣が法案作成時に固執したように、日本の財政状態などを勘案すれば、消費税の税率は、将来的には15％程度までへの引上げは避けられないでしょう。

　聞くところによると、実務の現場では、個別対応方式による用途区分の煩わしさを避けるために、一括比例配分方式を採用することとしている一般企業や会計事務所が多いようです。しかし、会社の規模が大きくなればなるほど一括比例配分方式を採用することによる税負担は増加するわけですから、課税売上割合が高いからといって、安直に一括比例配分方式を採用するのは危険な感じがしています。会社の規模に関わらず、常に個別対応方式を適用するための準備をしておく必要があるのではないでしょうか。

　一括比例配分方式を適用したことによる税負担の増加額は、税率が５％から10％に引上げになると２倍に跳ね上がります。15％ではなんと３倍の負担です！

　95％ルールの改正と税率の引上げにより、今まで以上に個別対応方式を適用するための準備（課税仕入れの用途区分）というものは、実務上必要になったということです。

　面倒だとか、やってられないなどと戯れ言を言っていると、後々、取りかえしのつかないことにもなりかねません。くれぐれも、ご注意を！

非課税売上高が預金利子しかない場合の用途区分(1)
預金利子に対応する課税仕入れは存在しない？

とある会社の経理部での会話です。

Aくん　非課税売上高が預金利子しかない場合には、販売管理費は全部課税売上対応分に区分していいんだよね？

Bくん　それは違うんじゃないの？　僕は水道光熱費や福利厚生費のような一般管理費は共通対応分に区分すると思うよ。

Aくん　じゃぁ聞くけれど、預金利子に対応する課税仕入れって何があるのかな？　預金利子は会社が何も面倒みなくても（雑草みたいに）勝手に発生するもんなんだ。

　　　　預金利子に対応する課税仕入れなんてこの世には存在しないんだよ！
　　　　だったら一般管理費は商品売上高にだけ対応してるってことにならないかい？

Bくん　確かに預金利子に直接対応する課税仕入れはないかもしれない。でも、それを理由に販売管理費が商品売上高とヒモ付きになってることにならないと思うけどね。

　　　　例えば預貯金を強烈に保有している会社があって、預金利子が収入の3割くらいを占めているとしたらどうだろう…課税売上割合が70％でも販売管理費は課税売上対応分に区分していいのかな？

Aくん　ウーム…

非課税売上高が預金利子しかない場合の用途区分(1)

 個別対応方式の適用要件

　個別対応方式を採用する場合には、課税仕入れ等の税額を、次の①～③に区分することが要件とされています。
① 　課税売上対応分
② 　非課税売上対応分
③ 　共通対応分

　①の課税売上対応分とは、課税商品の仕入高や課税製品の製造原価に算入される原材料など、課税売上げとヒモ付きになっている課税仕入れがこれに該当します（消基通11－2－12）。

　②の非課税売上対応分とは、販売用の土地の造成費や賃貸用住宅の建築費など、非課税売上げとヒモ付きになっている課税仕入れがこれに該当します（消基通11－2－15）。

　③の共通対応分ですが、法律の文字面だけを読んだ場合には、課税売上げと非課税売上げのどちらにも対応する課税仕入れということになりますので、寄附する目的で購入した課税資産や不課税収入となる損害賠償金を得るための弁護士費用などは上記①～③のどれにも該当しないことになってしまいます。

　しかし、個別対応方式を適用する場合には、課税仕入れ等の税額は上記①～③のいずれかに区分しなければなりません。どこにも当てはまらない課税仕入れというものは存在してはいけないのです。そこで、本法の不備（？）を補うべく、消費税法基本通達では、資産の譲渡等に該当しない取引に要する課税仕入れ等、あるいは贈与するための課税資産の取得等は共通対応分に区分する旨を定めているのです（消基通11－2－16～17）。

　本法だけを読んでいると誤解を招きやすいのですが、課税売上対応分でも非課税売上対応分でもないもの、つまり課税（非課税）売上げとヒモ付きになっていないものはすべて共通対応分に区分するものと考える必要があります。共通対応分とは、まさにダストシュートみたいなものだと考えてください。

● 課税売上割合が100％の場合はどうなる？

Aくん 課税売上割合が100％の場合には、販売管理費は全部課税売上対応分でいいんだよね？

Bくん （条文を読みながら）消費税法30条2項1号には「…課税（その他の）資産の譲渡等にのみ要するもの…」って書いてある。「要したもの」じゃないわけだから、用途区分を判断するときは課税仕入れに対応する売上げがあったかどうかは関係ないんじゃないのかな。

Aくん ということは、課税売上割合が100％でも一般管理費は共通対応分になるの？

Bくん 販売用の土地を購入して仲介手数料を支払ったケースを考えてみたらどうだろう。土地を売却するのが翌課税期間になったとしても、その仲介手数料は将来発生する土地の売上げとヒモ付きになるわけだから、たとえ仲介手数料を支払った課税期間中の課税売上割合が100％でも非課税売上対応分に区分するんじゃないのかな？

Aくん （悔しいけどグウの音もでないので黙っている）

 用途区分の判定時期

　Aくんは、どうしても自分の意見を正当化したいみたいですね（笑）。みっともないので、いい加減に誤りを認めたらどうですか？

　用途区分の判定時期（タイミング）は、原則として課税仕入れを行った日の状況によることとされています。ただし、課税仕入れの時点では用途が未定の場合において、課税期間の末日までに用途が決定された場合には、その用途に区分してもよいこととされています（消基通11－2－20）。

　つまり、用途区分を判断する際には、その課税仕入れに対応する売上げがあったかどうかは問わないということです。このことは、平成24年3月に国税庁消費税室から公表された「仕入控除税額の計算方法等に関するQ&A」においても明らかにされています（「基本的な考え方編」の問9・問10を参照）。

　したがって、仮に課税売上割合が100％であったとしても、課税（非課

税）売上げとヒモ付きになっていない課税仕入れはすべて共通対応分と考えるべきです。課税期間中に非課税売上高がゼロ（課税売上割合が100％）であることをもって、課税仕入れがすべて課税売上対応分に区分されるわけではありません。

　売上げと明確な対応関係のないものはすべて共通対応分に区分した上で、次の算式により仕入控除税額を計算するということです。

(1) 個別対応方式

　　課税売上対応分の税額＋共通対応分の税額×100％＝仕入控除税額

　結果、非課税売上対応分の課税仕入れがない場合には、課税仕入れ等の税額の全額が仕入税額控除の対象となります。

(2) 一括比例配分方式

　　課税仕入れ等の税額の合計額×100％＝仕入控除税額

　結果、非課税売上対応分の課税仕入れがあったとしても、課税仕入れ等の税額の全額を仕入税額控除の対象とすることができることになります。

非課税売上高が預金利子しかない場合の用途区分(2)
国税庁のQ&Aで決着が…

Aくん 改正があった頃にT先生の講演会に出席したんだけど、T先生は非課税売上高が預金利子しかない場合には販売管理費は全部課税売上対応分でいいって言ってたよ。

Bくん 僕は同じ頃にK先生の講演を聴いたんだけど、K先生は一般管理費は売上げと明確な対応関係がないんで原則として共通対応分になるって言っていた。

Aくん T先生とK先生じゃ年齢も知名度も断然T先生のほうが高いんだから、T先生の言ってることが正しいんじゃないの？

Bくん ……。

 国税庁のQ&Aに掲載されました！

　前回でも解説しましたが、預金利子しかない場合の課税仕入れの用途区分については、実務家の間でも情報が錯綜していたようです。Aくんの言うように、「預金利子しかない場合には課税仕入れはすべて課税売上対応分でよい」という意見に賛同する税理士が多いのも現実です。

　こういった実務上の混乱に配慮したのでしょうか、平成24年3月に国税庁から公表された「仕入控除税額の計算方法等に関するQ&A【基本的な考え方編】の問19（預金利子がある場合の用途区分）」では、非課税売上高が預金利子しかない場合の課税仕入れの用途区分の考え方について、次のような解説をしています。

　非課税売上高が預金利子しかなく、この預金利子を得るためにのみ必要となる課税仕入れ等がない場合であっても、預金利子は事業活動に伴い発生したものであることは紛れもない事実です。したがって、総務、経理部門等における事務費など、売上げと明確な対応関係のな

い課税仕入れ等は共通対応分に区分することになります。

偶発的に土地を譲渡するとどうなる？

Bくん たまたま不要土地を譲渡した場合の販売管理費の用途区分はどうなると思う？

Aくん （自信なさそうに）土地の譲渡に関係する課税仕入れはないわけだから、全部課税売上対応分でもいいと思うんだけど…。

Bくん 販売管理費が預金利子や土地の売却収入に関係してないからといって、即座に課税売上対応分になるわけじゃないんだよ。同じセリフを何度も何度も繰り返し言うけれども、理由がどうであれ、課税（非課税）売上高とヒモ付きの関係にない奴はすべて共通対応分に区分することになるということだ。（ため息をつきながら）どうやって説明したら納得してもらえるんだろう…。

Aくん 95％ルールの適用（恩恵）を受けて、毎期全額控除をしている事業者はどうなるわけ？　突発的に土地を売ったために共通対応分の仕入控除税額が激減するのって、おかしくないか？

Bくん そんなときのために課税売上割合に準ずる割合の承認申請制度があるんだよ。国税庁のホームページに質疑応答事例がアップされてるから読んでみたらどうだ？

Aくん 僕だってそれくらいは知ってるさ（怒）。でも、T先生が承認申請なんかしなくたって全部控除できるって講演で喋ってたんだ。税務署と交渉して何件も認めさせたって自慢してたんだぜ。

Bくん ということは、国税庁の質疑応答事例はまったく意味がないということかな？
　　それとも、質疑応答事例はそもそもが必要ないというか、無駄なものだと言いたいわけ？（呆れてもはや何も言う気になれない）

課税売上割合に準ずる割合の活用

　突発的に土地を譲渡した場合には、税務署長の承認を受けることにより、次の①と②のいずれか低い割合により、共通対応分の仕入控除税額を計算することが認められています（国税庁質疑応答事例／仕入税額控除（課税売上割合の計算）15「たまたま土地の譲渡があった場合の課税売上割合に準ずる割合の承認」）。
① 　前期以前3年間の通算課税売上割合
② 　前期の課税売上割合
　したがって、例年における課税売上割合が95％以上の場合には、ほぼ100％に近い割合により、共通対応分の仕入控除税額を計算できることになります。
　ただし、この方法により計算しようとする場合には、次の①～③のすべてに該当することが要件とされていますので注意が必要です。
① 　土地の譲渡が単発のものであること
② 　土地の譲渡がなかったとした場合に、営業の実態に変動がないと認められること
③ 　前期、前々期、前々々期の各期における課税売上割合の差が5％以内であること
　なお、「消費税課税売上割合に準ずる割合の適用承認申請書」は、土地の譲渡があった課税期間中に提出し、承認を受けなければなりません。申告期限までの申請ではありませんのでご注意ください。
　また、所得税の青色申告の承認申請書のように、期限までに通知がなかった場合のみなし承認制度もありません。
　申請書は2通提出し、承認後に1通が返却されます。各種届出書とは異なりますので期限までに提出さえしておけばよいというものではありません。申請書は余裕をもって提出するように心掛けましょう。

非課税売上高が預金利子しかない場合の用途区分(2)

95％ルールは特例と考える

ご承知のように、平成23年度改正では95％ルールが中小企業の特例となりました。この改正の経緯をみてもわかるように、消費税の本来の姿は個別対応方式による按分計算が基本です。95％ルールは事務処理の簡便化のために設けられた特例計算なのですから、理由のいかんにかかわらず、課税売上割合が95％未満となった場合には、仕入控除税額の計算は按分が必要となるのです。Aくんの言うような「いつも95％ルールの適用を受けて仕入税額は全額控除をしているんだから…」という屁理屈は当然に通用しませんのでご注意ください。

消費税法30条の先頭（1項）に規定されてはいるものの、本来は2項1号に規定されている個別対応方式が原則計算であり、1項の95％ルールは仕入控除税額の特例計算なのだと認識する必要があるのです。

リサイクル預託金

リサイクル預託金は損金処理ができる?

　税理士事務所の職員同士の会話です。新人のA子さんが先輩のBくんに何やら質問しているようです。

A子さん　「有価証券譲渡」っていうコードが会計ソフトにありますけど、これはどんなときに使うんですか?

Bくん　非課税取引のうち、有価証券の売却は、土地の売却や受取利息とは課税売上割合の計算方法が違うらしいんだ。僕も詳しいことはよく分からないんだけど、とりあえずはソフトメーカーから言われたとおりに処理しておけば問題ないんじゃないの?

 5%基準について

　消費税法では、株券や受益証券など、金融商品取引法に規定する有価証券の他、貸付金や売掛金などの金銭債権も有価証券の範囲に含めることとしています。課税売上割合の計算では、株券などの市場流通性のある有価証券を譲渡した場合には、譲渡対価の5%だけを非課税売上高に計上する一方で、市場流通性のない有価証券を譲渡した場合には、その譲渡対価の全額を非課税売上高に計上することとしています。

　5%基準が設けられた理由ですが、例えば、資金運用の目的で株式の売買をやっている会社は、株価をにらみながら課税期間中に株券の売買を繰り返すことになります。このような取引は、課税期間中のトータルで何がしかの売却益を得ることを目的として行われるものです。

　有価証券を売却した場合において、その売却金額を売却の都度非課税売上高にカウントすることになると、このような会社は課税売上割合がどんどん低くなってしまい、仕入税額控除について制限を受けることになってしまいます。

　そこで、株券や社債券などのように流通性のある有価証券については、

売却金額の5％相当額だけを非課税売上高として認識し、税制上不利になるようなことがないように配慮がなされているのです。ただし、合同会社の社員の持分などのように一般に売買されない有価証券については、このような配慮をする必要はありません。そこで、合名会社・合資会社・合同会社の社員の持分、協同組合等の組合員又は会員の持分を譲渡した場合には、その売却金額の全額を非課税売上高にカウントすることとされています（消法別表第一の二、消令9①、48⑤）。

平成26年度改正

A子さん 平成26年度改正で、課税売上割合の計算方法が変わったそうですね。どんなことに注意すればいいんですか？

Bくん 税務専門誌でちらっと読んだんだけど、金銭債権を譲渡した場合の課税売上割合の計算について改正があったらしいんだ。

金銭債権の取扱い

旧法では、貸付金や売掛金などの金銭債権の譲渡は5％基準の対象とはならず、課税売上割合の計算上、譲渡対価の全額を非課税売上高に計上することとされていました。しかし、近年においては、住宅ローンの証券化やファンドの設立などにより、金銭債権の売買が活発に行われるようになってきています。

金銭債権を譲渡した場合において、譲渡対価の全額を非課税売上高に計上した場合には、課税売上割合が急激に減少し、仕入控除税額の計算で制限を受けることになります。そこで、金銭債権の譲渡についても譲渡対価の5％相当額を非課税売上高に計上することにより、課税売上割合が急激に減少することのないように配慮したものです（消令48⑤）。

● リサイクル預託金は損金処理できる？

A子さん　金銭債権を譲渡することなんて実際にあるんですか？

Bくん　自動車を購入するときに、将来の廃車費用として「リサイクル預託金」てのがとられるよね。これって金銭債権になるんじゃないのかな…。

A子さん　ということは、「リサイクル預託金」は資産計上しておかないとダメってことですか？　Mさんは金額が小さいから「リサイクル預託金」なんか全額費用処理していいって言ってましたよ。

Bくん　（呆れながら）相も変わらずいい加減な奴だよな…。「リサイクル預託金」は少額減価償却資産じゃないんだから、たとえ10万円未満でも廃車するまでの間は損金処理することは当然に認められない。
　　　　　Mのいうことはあんまり信用しない方がいいと思うよ。

 リサイクル預託金の取扱い

　自動車の売買をする際に発生する「リサイクル預託金」は金銭債権に該当します。

　したがって、自動車の取得時に購入代金とともに支払うリサイクル預託金は、差入保証金などの科目を用いて資産計上する必要があります。なお、情報管理料はそのまま損金計上し、消費税は課税仕入れとして処理することができます。

　自動車を処分する場合の処理方法は、廃棄する場合と売却（下取り）する場合でリサイクル預託金の取扱いが異なりますので注意が必要です。自動車を廃棄する場合はリサイクル料金の支払いとして課税仕入れに該当しますが、売却する場合には、金銭債権の譲渡として、その譲渡対価の5％相当額を非課税売上高に計上することになります。

売掛金債権の取扱い

　売掛金債権を換金のために信販会社に譲渡する場合において、これを有価証券の譲渡として認識すると、売掛金債権を譲渡するたびに非課税売上高が増え、課税売上割合が低くなってしまいます。そこで、資産の譲渡対価として取得したもの（売上高の計上に伴い発生した売掛金債権）を譲渡した場合には、売上高の二重計上を防ぐ意味からも、その譲渡対価は課税売上割合の計算ではいっさい関係させないこととしています（消令48②二）。

　ただし、営業の譲受けなどに伴い、他から購入した売掛金債権を転売した場合には、その転売した売掛金債権は売上高の計上に伴い発生したものではないので、課税売上割合の計算上、その譲渡対価の5％相当額を非課税売上高に計上することになります。

リサイクル預託金も金銭債権

課税売上割合に準ずる割合
有価証券の譲渡は適用除外です！

某社における経理課長と顧問税理士の会話です。

経理課長 先生もご存じのように、大口取引先であるT社が倒産したことによって、我が社は資金繰りに四苦八苦している状態です。取引先銀行からの追加融資も厳しそうなので、この際、思い切って保有する有価証券をすべて売却処分することを計画しています。

　そこでご相談なのですが、土地や株券を売却して課税売上割合が減少した場合には、税務署長の承認を受けることにより、有利な計算方法が選択できるとの噂を聞きました。この場合の具体的な手続などについてご教示いただけますか。

税理士 突発的に土地を譲渡した場合には、税務署長の承認を受けることにより、前期以前3年間の課税売上割合を基準に算出した割合（課税売上割合に準ずる割合）により、合理的に仕入控除税額を計算することが認められています。しかし、今回売却するのは「土地」ではなく「有価証券」ですからね…税務署に相談してみてからでないと、何とも言えないような感じです。

有価証券の譲渡は適用除外です！

　国税庁の「仕入控除税額に関するQ&A」の【基本的な考え方編】の（問31）では、たまたま土地の譲渡があった場合の取扱いについて、本来であれば課税売上割合に準ずる割合の適用要件には適合しないところ、便宜的にこれを認めることとしたものであることが解説されています。また、有価証券の譲渡については、そもそもの計算で譲渡対価に5％を乗ずることとされていることからも、土地の譲渡の場合のような特例計算（承認申請）は認めないことが明記されています。なお、突発的な土地の譲渡があった場合の課税売上割合に準ずる割合の承認申請手続や要件、計算方法に

課税売上割合に準ずる割合

ついては167頁をご参照ください。

● 課税売上割合に準ずる割合とは？

経理課長 課税売上割合に準ずる割合についてもう少し詳しく教えてもらえますか？

税理士 個別対応方式で仕入控除税額を計算する場合には、共通対応分の消費税額は、原則として課税売上割合を乗じた分が仕入税額控除の対象となります。しかし、共通対応分の課税仕入れといっても実際には様々な種類や性格のものがあり、これらの課税仕入れについて、まとめて課税売上割合を乗ずるというのも決して合理的な計算方法とはいえません。そこで、共通対応分の消費税額について、税務署長の承認を受けることにより、課税売上割合以外の合理的な割合を用いて仕入控除税額を計算するために考案されたのが、この課税売上割合に準ずる割合です。

この課税売上割合に準ずる割合は、事業の種類の異なるごと、費用の種類の異なるごと、事業場の単位ごとに適用することができます。また、本来の課税売上割合を課税売上割合に準ずる割合として申請することにより、事実上、課税売上割合との併用も認められています。

経理課長 実際にどんな会社が適用を受けているんでしょうか？

税理士 経常的に非課税売上げが発生する業種でそこそこの規模の会社は、この規定の適用を受けている可能性が高いですね。銀行や保険会社、証券会社などは、間違いなく適用を受けていると思います。

今までは、あらかたの会社が95%ルールの恩恵を受けてきましたので、個別対応方式を適用する企業はごくわずかにすぎませんでした。結果、課税売上割合に準ずる割合の申請をする企業もおのずと限られていたのだと思います。しかし、95%ルールの改正があったことにより、今後は卸・小売業やサービス業などの一般事業会社であっても、課税売上割合に準ずる割合を適用する機会はおのずと増えてくるのではないでしょうか。

> **国税庁 Q&A で情報が開示されました！**
>
> 　95%ルールの改正を受け、国税庁では、課税売上割合に準ずる割合の活用方法について、かなり詳細に情報を開示しています。仕入控除税額に関する Q&A の【基本的な考え方編】・(問21) ～ (問29) では、課税売上割合に準ずる割合の意義や適用方法、承認申請手続などについての解説だけでなく、次のような割合を課税売上割合に準ずる割合として申請する場合の留意事項などを Q&A 形式で紹介しています。
> ① 従業員割合
> ② 事業部門ごとの割合
> ③ 床面積割合
> ④ 取引件数割合
> 　したがって、今まで申請に消極的だった企業においても、今後は今まで以上に積極的な活用が期待できそうな感じがしています。また、国税庁もそれを期待して、情報開示をしているようにも思えるのです。

一括比例配分方式との関係はどうなる？

経理課長　課税売上割合に準ずる割合の承認を受けた場合には、一括比例配分方式を適用する場合にも、その承認を受けた割合を使っていいんですか？

税 理 士　それはダメです。課税売上割合に準ずる割合は、あくまでも個別対応方式を適用する場合の特例的な計算方法です。したがって、たとえ承認を受けていたとしても、一括比例配分方式を適用する場合には、課税売上割合しか採用することはできません。

経理課長　…ということは、承認を受けていても、一括比例配分方式を採用することは問題ないんですね？　では、個別対応方式で計算する場合において、承認を受けた割合を採用する場合と、採用しない場合で有利選択をすることはできますか？

税 理 士　承認を受けていても、個別対応方式と一括比例配分方式の有利選択

課税売上割合に準ずる割合

はOKです。ただし、最終的に個別対応方式を採用する場合には、必ず承認を受けた割合で計算しなければなりません。課税売上割合で計算した方が有利になる課税期間があったとしても、「課税売上割合に準ずる割合の不適用届出書」を提出しない限り、課税売上割合により計算することはできないということです。

社宅使用料収入の相殺
会計処理に関係なく消費税計算を…

とある会社の経理部での会話です。

Aくん 前から気になってたんだけど、ウチの会社は従業員から徴収する社宅使用料を社宅の借上料と相殺処理してるよね。社宅使用料収入は非課税売上高だから、これって支払家賃と社宅使用料収入を両建にしなくちゃいけないんじゃないの？

Bくん 僕もそれが気になって、以前、監査を担当している公認会計士に聞いたことがあるんだ。そしたら「決算書はスリムに表示する必要があるんで必ず相殺してください」って言われたんだよね。それ以来、従業員から徴収した社宅使用料は社宅家賃から減額処理することにしているんだ。

Aくん でも、相殺した金額だけ非課税売上高が減少するわけだから、その分だけ課税売上割合の分母が少なくなって、課税売上割合が上昇することにならないかい？

Bくん 決算書に社宅使用料収入の表示がないわけだから、これを無理矢理非課税売上高に計上するのも何だか妙な感じがすると思うんだ。いずれにせよ、課税売上割合は常に95％以上になるわけだから、特段気にする必要もないんじゃないの？

 社宅使用料収入の取扱い

　社宅使用料収入は非課税売上高となりますので、課税売上割合の計算上、分母に計上することになります。消費税の計算は、会計処理の違いにより結果が変わるものではありません。

　したがって、決算で相殺処理をしている場合であっても、社宅使用料収入は非課税売上高に計上する必要があるのです。

　課税売上割合が95％以上となる事業者は、従来であれば相殺処理後の

決算数値で消費税の計算をしても、納付税額に影響がでることはありませんでした。しかし、平成23年度改正により、課税期間中の課税売上高が5億円を超える規模の事業者は、たとえ課税売上割合が99％でも、個別対応方式か一括比例配分方式による按分計算が義務付けられることとなりました。この改正により、たとえわずかな非課税売上高であっても、これを分母に計上する場合としない場合では納付税額が変わってくるのです。

法人税では、会計基準に従って算出された決算利益を別表四により調整し、法人税の所得金額に変形していきます。消費税計算においても、決算書の数値をそのまま用いるのではなく、必要に応じてこれをアレンジしなければならないということです。

また、消費税の計算においては、原則として相殺処理は認められません。会計処理とも連動させる必要はありませんのでご注意ください。

なお、住宅の貸付けは、たとえ転貸する場合であっても非課税となります。したがって、家主に支払う社宅家賃は非課税売上対応分の課税仕入れではなく、非課税仕入れに該当します。結果、一括比例配分方式を適用する場合、課税売上高が5億円以下で課税売上割合が95％以上となる場合、いずれの場合であっても絶対に仕入税額控除はできません！

保養所の建築費はどうなる？

Aくん この間の社内メールに社長からのメッセージがあったよね。「従業員の皆様とご家族のために箱根に保養所を購入することにしました」って書いてあったけど、この保養所の購入費の用途区分はどうなるんだろう…福利厚生目的で購入するわけだから共通対応分に区分すればいいのかな？

Bくん 「従業員の皆様のために…」って書いてあったけど、名目上は会社の保養所ということにしておいて、実際は社長一族がプライベートで使うらしいよ。

Aくん ということは、保養所の購入費はそもそもが課税仕入れじゃなくて役員給与になるわけだ（笑）。

利用料収受の有無で用途区分が異なる

　社長一族の私物かどうかはさておきまして、保養所を従業員の福利厚生目的で購入したということであるならば、その建物の購入費は課税仕入れで何ら問題ありません。
　この場合の用途区分ですが、従業員から利用料を収受することになっているならば、その利用料収入は課税売上高となります。結果、保養所の建築費は課税売上対応分に区分することができます。これに対し、従業員に無料で利用させた場合には、売上げと明確な対応関係のないものとして、その建築費は共通対応分に区分することになります。

● 社宅の購入費の取扱い

Aくん　社宅を購入した場合の用途区分はどうなるんだろう？

Bくん　従業員から収受する社宅使用料が非課税売上高になるわけだから、これと紐付きになるものとして非課税売上対応分に区分するんじゃないのかな？

Aくん　ということは、個別対応方式を適用する限り、仕入税額控除はできないわけだ。
　　　こんな場合には、計算方法を一括比例配分方式に変更しておかないと、後々、後悔することになるかもしれないね。

Bくん　社宅使用料を徴収しなければ共通対応分に区分できるんじゃないの？

Aくん　なるほど…天引きされる社宅使用料がゼロになれば、僕らの給料も手取額が増えることになる。確かにそれは妙案だ！

給与課税されます！

　従業員に無償で社宅を貸与した場合には、次の①から③までの金額の合計額が、その従業員に対する給与とされます（所基通36－41、36－45）。
① 　家屋の固定資産税の課税標準額×0.2％
② 　12円×家屋の総床面積（㎡）／3.3（㎡）
③ 　敷地の固定資産税の課税標準額×0.22％
　上記算式の妥当性（？）はともかく、無償貸与をした場合には、所得税の世界で給与課税されることとなりますのでご注意ください。
　ただし、所得税の世界で給与課税されたとしても、消費税の世界では上記算式により計算した金額を非課税売上高に計上する必要はありません。また、違和感は感じるものの、この場合の社宅の購入費は売上げとの対応関係がないものとして、共通対応分に区分することができるものと思われます。

原状回復費用の用途区分
原状回復費用は住宅家賃?

…税理士仲間の会話です。

税理士A 賃貸借契約を解除するときに賃借人から原状回復費用を受領したんだけれども、これは家賃の一部として処理すればいいんだよね?

税理士B 原状回復費用は「修繕」という役務提供の対価なわけだから家賃とは違うんじゃないの?

税理士A 畳や壁紙の張り替え費用などの明細を賃借人に明示している場合には、修繕費として課税になるかもしれないね。でも、僕のクライアントの場合には、賃貸借契約書に「退去時には原状回復費用として家賃1か月分を支払うものとする」って書いてあるだけなんだ。ということは、居住用の物件であれば後払いの礼金と考えて非課税になると思うんだけど…。

 原状回復費用は家賃とは別モノです!

賃貸借契約の締結時に家主が賃借人から収受する礼金は賃貸物件の家賃の一部として取り扱われます。したがって、居住用の賃貸物件の場合には家賃と共に礼金も非課税となります。これに対し、退去時に家主が賃借人から収受する原状回復費用は取扱いが異なりますので注意が必要です。

原状回復費用は、B先生のおっしゃるように役務提供の対価となるので、たとえ居住用の賃貸物件につき収受するものであっても非課税とはなりません。これは、賃借人に修繕費の明細を明示する場合はもとより、定額で収受する契約であってもその取扱いが変わるものではありません。

礼金として最初に貰ったら非課税で、原状回復費用として最後に貰ったら課税になる…???　少々、違和感を感じるところではありますが…。

原状回復費用の用途区分

　「敷引」はどうなる？

　聞くところによりますと、一部の地域では、建物を賃貸する際に「敷引」という名目により、家主が敷金の一部を最初に天引きする慣習があるようです。例えば、敷金が家賃の3か月、敷引が1か月と定めた場合には、賃借期間にかかわらず、退去時に賃借人に返還する敷金は2か月分でよいことになります。

　「敷引」という名目で収受した場合には原状回復費用として課税されるのに対し、「礼金」という名目で収受した場合には家賃として非課税になるのでは課税の公平が保てません。「敷引」の実態は「礼金」なわけですから、クマオー個人の見解としては、名目にかかわらず、居住用の賃貸物件であれば非課税として取り扱うべきものと考えます。

● 立替金処理は認められるか？

税理士A　原状回復費用を実費で請求するんであれば立替金でいいんだよね？

税理士B　賃借人が工務店と契約しない限りはたとえ実費で請求してもダメなんじゃないのかな？

税理士A　家主と賃借人で修繕費を折半の契約にしたらどうだろう…例えば工務店に支払う修繕費が10万円の場合には、賃借人から収受する5万円を相殺した差額の5万円だけを修繕費として処理してもいいんじゃないかと思うんだけど…

　相殺は認められません！

　消費税計算においては、売上高も仕入高も総額で計上することが原則とされています。したがって、賃借人が負担する修繕費を相殺して処理することは認められません。

用途区分はどうなる？

税理士 A 個別対応方式を適用する場合なんだけど、賃借人から収受する折半の負担金を課税売上高に計上した場合には、工務店に支払う修繕費は課税売上対応分に区分していいのかな？

税理士 B 修繕費を賃借人と折半する契約の場合には、課税売上高となる賃借人の負担金の2倍の金額が課税売上対応分の課税仕入高として全額控除できることになる。違和感は感じるけれども、工務店に支払う原状回復費は賃借人から収受する負担金と紐付きの関係にあるわけだから気にしなくてもいいんじゃないのかな…。

居住用の賃貸物件は共通対応分になるのでは…？

工務店に支払う修繕費の用途区分ですが、先生方の考えるように、課税となる賃借人の負担金に対応することは紛れもない事実です。しかし、居住用賃貸物件の場合には、この修繕費は、次に入居する賃借人に物件を賃貸することを目的に原状回復していることもまた事実です。

長引く不景気の影響もあってか、空室となっている賃貸マンションの稼働率を上げるために、礼金や原状回復費用をタダにして入居者を募集するケースも多いと聞いています。家主が原状回復費用を全額負担する場合には、その原状回復費用（修繕費）はすべて次の入居者から収受する家賃収入に対応することとなり、結果、非課税売上対応分に区分することになります。したがって、原状回復費用を家主と賃借人で折半する場合には、家主が工務店に支払う修繕費は、賃借人から収受する負担金（課税売上高）とその後に発生する居住用賃貸物件の家賃収入（非課税売上高）のいずれにも対応するものとして、共通対応分に区分すべきではないでしょうか!?

原状回復費用の用途区分

● 簡易課税の業種区分はどうなる？

税理士A 簡易課税で申告する場合には、賃借人から収受する原状回復費用は第何種事業になるんだろう？

税理士B 平成22年度の税理士試験で出題されたみたいだね。専門学校の解答はどこの学校も不動産業として第6種事業（改正前なので本試験のときは第5種事業）になってたらしいけど、実際はどうなんだろう…

● 原状回復費用は家賃ではありません！

前述のように、原状回復費用は「修繕」という役務提供の対価であり、家賃とは本質的に異なるものです。「建物の修繕」は、簡易課税における業種区分の判断指標である日本標準産業分類においては「不動産業」ではなく、「建設業」に区分されています。したがって、賃借人から収受する原状回復費用は建設業の売上高として第3種事業に区分するものと思われます。

用途未定の賃貸物件は、どうなる？
用途区分を判定するタイミングは…

　A税理士さんのところに不動産会社の経理課長から税務相談がありました。この会社では、今期賃貸マンションを取得しましたが、東京の山手線内に物件があるため、購入費も非常に高額となりました。したがって、投下資本を回収するためには必然的に賃料も高く設定せざるを得ないことになります。

　そうすると、すべての部屋を居住用として賃貸募集をした場合、入居率が予定以上に低くなることが危惧されます。そこで、入居者募集の広告には、「事務所としてお貸しすることもできますのでお気軽にご相談ください」と記載し、なるべく満室の状態が維持できるように工夫することとしています。

課　長　個別対応方式を適用する場合の課税仕入れの用途区分について質問があります。当社が取得した賃貸マンションは、構造が全室3LDKの居住用になっています。このように、各部屋の構造が居住用になっている場合には、たとえ事務所として賃貸する場合であっても、建物の取得費は非課税売上対応分に区分することになるのでしょうか？

税理士　物件の構造は用途区分の判断にはいっさい関係ありません。たとえ居住用の構造になっていたとしても、事務所として賃貸すればその賃料には消費税が課税されるわけですから、物件の取得費や建築費は課税売上対応分に区分することができます。

課　長　用途が未定の場合にはどうなるのでしょう。当社のようなケースでは、実際に入居者が確定してからでないと用途区分はできないことになるのでしょうか？

税理士　用途区分は課税仕入れの時点で判断するのが原則です。御社の場合、マンションの取得時点ではその用途が確定していないわけですから、その取得費は課税売上対応分でも非課税売上対応分でもありません。

　したがって、取得費は共通対応分に区分することになります。

課　長　期末までに入居済みの部屋はどうなるのでしょう。取得費を床面積割合で按分して、居住用の部分は非課税売上対応分に区分しなければいけ

用途未定の賃貸物件は、どうなる？

ないのでしょうか。

税理士 その必要はありません。あくまでも建物を一つの課税仕入れ（塊）と考えて用途区分をしますので、基本通達11－2－19（共通用の課税仕入れ等を合理的な基準により区分した場合）を適用しない限り、その内訳を区分する必要はありません。

 用途区分の判定時期

用途区分の判定は、課税仕入れを行った日の状況によることが原則とされています（消基通11－2－20）。したがって、建物の取得時点で用途が未定の場合には、その建物は課税業務用でも非課税業務用でもないことから、結果として共通対応分に区分することになります。共通対応分となる課税仕入れには、店舗兼用賃貸住宅のように、課税売上げと非課税売上げのいずれにも対応するものの他、課税（非課税）売上げと明確な対応関係のないものも含まれます。

言い換えれば、課税（非課税）売上げと紐付きの関係にないものはすべて共通対応分に区分するということですから、共通対応分というよりも、ダストシュート（クズ箱）というイメージで捉えた方が分かりやすいかもしれません。

期末までに用途が確定したらどうなる？

課　長 期末までに全室を居住用で賃貸することが確定した場合はどうなるのでしょう。このような場合であっても、建物の取得時点では用途が未定であることを理由に共通対応分に区分してよいのでしょうか？

税理士 御社の場合には、入居者募集の広告に「事務所としてお貸しすることもできます」と記載されていますので、結果的に全室が居住用で埋まったとしても共通対応分で問題ないと思いますよ。

課　長 ということは、今後は賃貸物件を取得して募集広告を出すときは、常に「事務所としてもお貸しできます」と記載しておけばいいんですね！そうすれば共通対応分に区分して課税売上割合分だけは控除ができるわ

けだ（妙に納得している）。

税理士 実態が伴わなければ、当然に否認されることになります！ 例えば調査に備えてダミーの広告を作成しておき、実際には住居としてしか募集しないようなことは絶対に認められません。

 差し支えない……の解釈は？？？

　消費税法基本通達11－2－20では、用途未定の課税仕入れについて、期末までに用途が確定した場合には、その確定した用途に区分しても差し支えないと定めています。この「差し支えない」という言葉の意味ですが、期末までに確定した用途に区分してもしなくてもよいと解釈してよいのでしょうか。そうすると、取得時に用途未定であった賃貸物件が期末までに居住用に賃貸された場合には、期末時点の用途がたとえ非課税業務用であったとしても、共通対応分に区分することにより課税売上割合に相当する部分だけは税額控除ができることになります。

　ただし、実務の世界では事実認定が重要となってきますので、この点は慎重に判断する必要があります。今回の相談事例のように、事務所と住宅のいずれにも賃貸することが広告に明記されている場合には、最終的な用途に関係なく、共通対応分に区分して何ら問題ありません。

　しかし、本来は全室を居住用として賃貸することが（確信犯的に）決まっている物件について、名目上事務所としても賃貸するように偽装するような行為は大いに問題があります。また、物件の取得時の用途が未定であったからといって、その事実を客観的に証明することができない限り、最終的な用途を無視して共通対応分に区分することはできないように感じています。

11－2－20　課税仕入れ等の用途区分の判定時期

　個別対応方式により仕入れに係る消費税額を計算する場合において、課税仕入れ及び保税地域から引き取った課税貨物を課税資産の譲渡等にのみ要するもの、その他の資産の譲渡等にのみ要するもの及び課税資産の譲渡等とその他の資産の譲渡等に共通して要するものに区分する場合の当該区分は、課税仕入れを行った日又は課

用途未定の賃貸物件は、どうなる？

> 税貨物を引き取った日の状況により行うこととなるのであるが、課税仕入れを行った日又は課税貨物を引き取った日において、当該区分が明らかにされていない場合で、その日の属する課税期間の末日までに、当該区分が明らかにされたときは、その明らかにされた区分によって法第30条第2項第1号《個別対応方式による仕入税額控除》の規定を適用することとして差し支えない。

● 用途が未定であったことの証明は？

課　長　要は物件取得時の用途が未定でありさえすれば、結果として有利になるということなんですね。では、物件の用途が未定であったということはどうやって証明したらいいのですか？

税理士　（うんざりした顔で）座禅を組んで瞑想でもしてみたらどうですか？

土地造成費の用途区分は、どうなる？

土地の利用目的により用途区分を判断！

税理士仲間の会話です。

税理士A 僕の関与先に宅地の造成と建売住宅の販売をやっている会社があるんだけど、宅地の造成費は非課税売上対応分になるんだよね？

税理士B 販売用の宅地の造成費は非課税売上対応分になるけど、建売住宅の敷地の造成であれば、共通対応分でいいんじゃないの？

税理士A 宅地を造成してから区画整理をするんで、区画整理後の宅地をどうやって販売するかは、宅地を造成した時点ではわからないんだ。宅地のままで販売することもあるし、建物付で販売することもある。同一の課税期間中に完売すればいいんだけど、期がまたがる場合にはどうしたらいいんだろう…。

 造成時の用途で区分します！

　課税仕入れの用途区分は、紐付きとなる売上げが発生した日に関係なく、原則として課税仕入れを行った日の状況によることとされています（消基通11－2－20）。したがって、建売住宅として販売する目的で土地を造成した場合には、結果として宅地のまま販売したとしても、その造成費は当初の予定に従って、土地と建物の売上高に関係するものとして共通対応分に区分することができます。

● 用途が未確定の場合にはどうなる？

税理士A 宅地を販売する場合、①建売住宅として建物付で販売するケース、②建築条件付で宅地を販売するケース、③宅地だけ販売するケースの3パターンがあるんだけど、宅地の造成が終わった時点では最終的な販売形態はわからないんだ。

税理士B　用途(販売形態)が決定していないということは、すなわち用途が未確定ということだ。課税売上対応分でも非課税売上対応分でもないわけだから、造成費の全額を共通対応分に区分していいんじゃないの？

税理士A　5区画に区分した造成宅地のうち、造成が完了した課税期間中に2区画だけ宅地のまま売却した場合には、この2区画についても共通対応分でいいのかな？

税理士B　(自信なさそうに)造成時点では宅地のまま転売することが確定していたわけじゃないんだから、共通対応分でいいんじゃないのかな…。

税理士A　はじめから5区画のうち2区画を宅地として転売する計画だったらどうだろう…造成費をあん分して2区画分だけは非課税売上対応分に区分しなくちゃいけないと思うんだけど…。

税理士B　宅地の販売は建築条件付なの？

税理士A　建築条件を付ける場合と付けない場合がある。建築条件を付けない場合には建物で儲けが取れないもんで、どうしても宅地の売値は高めになるみたいだね。

税理士B　建築条件付で宅地を販売する場合の造成費はどこに区分するんだろう？宅地の譲渡だから非課税売上対応分になるのかな…。

用途区分の判定単位

　課税仕入れの用途区分をする場合には、課税仕入れの単位ごとに、その用途に応じて判定します。例えば、店舗兼用賃貸住宅を建築する場合の建築費は、店舗家賃と住宅家賃のどちらにも関係するものであり、建築費の全額を共通対応分に区分することになります。ただし、床面積割合などの合理的な基準により、これを店舗の建築費と住宅の建築費に区分することも認められているのです（消基通11-2-19）。

　したがって、当初から宅地のまま販売する区画があったとしても、建売も予定している宅地の造成費については、その全額を共通対応分に区分して何ら問題ありません。2区画分だけ造成費をあん分する必要はないということです。

> 11-2-19 共通用の課税仕入れ等を合理的な基準により区分した場合
>   課税資産の譲渡等とその他の資産の譲渡等に共通して要するものに該当する課税仕入れ等であっても、例えば、原材料、包装材料、倉庫料、電力料等のように生産実績その他の合理的な基準により課税資産の譲渡等にのみ要するものとその他の資産の譲渡等にのみ要するものとに区分することが可能なものについて当該合理的な基準により区分している場合には、当該区分したところにより個別対応方式を適用することとして差し支えない。

 建築条件付とは？

　建築条件付の土地とは、土地を購入する際に、売主から指定された建築業者で建物を建てることが条件となっている土地のことです。要するに、土地の販売だけでは儲からないので、建物もセットにして利益を捻出しようということです。建築条件が付いているということは、土地を売ってから建物を建てるということで、業界ではこれを「売建て」といいます。一方、建売住宅は土地に家を建てて売るので「建売り」と呼ばれています。ハウスメーカーにもよりますが、フリープランといっても名ばかりで、実際の仕様は「建売り」と大差無いことが多いようです。

　そうすると、建築条件付の土地の販売は、単に土地と建物の売買のタイミングがずれているだけであり、土地の造成費は、土地の売上高だけでなく、建物の売上高にも関係しているものとして、共通対応分に区分することができるようにも思えるのですが……。

まとめ控除をしている場合はどうなる？

税理士A　建売住宅用の土地の造成費なんだけど、建物の建築費と一緒に控除してもいいんだよね？

税理士B　基本通達の11-2-19（共通用の課税仕入れ等を合理的な基準に

土地造成費の用途区分はどうなる？

より区分した場合）で区画ごとの造成費を算出し、次に11－3－5（未成工事支出金）を使って物件完成時にまとめ控除をするってことだね？問題ないと思うよ。

税理士A 売れ残った宅地は建築条件付だと買い手がつかないんで、数年後に宅地のまま売却することになると思うんだ。この場合でも、当初は建物付で販売する計画だったわけだから、宅地の造成費は共通対応分に区分していいんだよね？

 用途区分の判定時期と消費税法基本通達11－3－5（未成工事支出金）の関係

建物の建築工程で発生する外注費などの課税仕入れについては、物件が完成した時にまとめ控除をすることが認められています（消基通11－3－5）。法令や通達に明文規定はありませんが、物件が完成した時にまとめ控除をするということは、いうなれば物件完成時に課税仕入れがあったものと認識することです。そ

うすると宅地の販売（処分）が確定した時が事実上の完成の時となり、結果、非課税売上対応分として仕入税額控除はできないものと思われます。あるいは、「基本通達11－3－5の適用がそもそも認められるのだろうか？」という素朴な疑問も湧いてくるのです…。

11－3－5　未成工事支出金

　事業者が、建設工事等に係る目的物の完成前に行った<u>当該建設工事等のための課税仕入れ等の金額について未成工事支出金として経理した場合においても、当該課税仕入れ等については、その課税仕入れ等をした日の属する課税期間において法第30条《仕入れに係る消費税額の控除》の規定が適用されるのであるが、当該未成工事支出金として経理した課税仕入れ等につき、当該目的物の引渡しをした日の属する課税期間における課税仕入れ等としているときは、継続適用を条件として、これを認める。</u>

個別対応方式の適用要件

「区分をしていない場合」と「区分を誤った場合」の境界線は…

　S社に税務調査がありました。S社は遊休地を売却したために、前期の課税売上割合がいっきに70％まで減少しています。

● 預金利息に対応する課税仕入れとは？

調査官　仕入控除税額の計算は個別対応方式を採用しているようですが、付表2には共通対応分の記載がないですね。

経理課長　（自信満々に）預金利息や土地の売却収入に対応する課税仕入れはありませんからね。個別対応方式とは名ばかりで、実態は全額控除と変わらないんですよ。

調査官　ということは、課税仕入れの用途区分をしていないということですか？

経理課長　用途区分をしていないんじゃなくて、必要がないということです。

調査官　それは違うんじゃないですか？　水道光熱費や福利厚生費のような一般管理費は売上げと明確な対応関係がないわけだから、共通対応分になると思いますよ。

経理課長　じゃあお聞きしますけれども、預金利子に対応する課税仕入れって何があるんですか？　預金利子というものは勝手に発生するものなんですよ！　預金利子に対応する課税仕入れなんてこの世には存在しないんですよ！　だったら一般管理費は商品売上高にだけ対応してることになりませんか？

調査官　確かに預金利子に直接対応する課税仕入れはないかもしれません。でも、それを理由に販売管理費が商品売上高と紐付きになってることには絶対になりません！

> **国税庁の Q&A に掲載されました！**
>
> 　預金利子しかない場合の課税仕入れの用途区分については、実務家の間でも情報が錯綜していた時期がありました。経理課長の言うように、「預金利子しかない場合には課税仕入れはすべて課税売上対応分でよい」という意見に賛同する税理士が多かったのも現実です。こういった実務上の混乱に配慮したのでしょうか、平成24年3月に国税庁から公表された「仕入控除税額の計算方法等に関する Q&A【基本的な考え方編】の問19（預金利子がある場合の用途区分）」では、非課税売上高が預金利子しかない場合であっても、総務、経理部門等における事務費など、売上げと明確な対応関係のない課税仕入れ等は共通対応分に区分する旨が解説されています。

個別対応方式が使えない？

経理課長　（肩を落としながら）直前期の課税売上割合は70％なので、共通対応分となる一般管理費のうち、30％は仕入税額控除が否認されるということですね…。

調査官　（意地悪そうに）御社はそもそも個別対応方式を適用するための課税仕入れの用途区分ができていないんですよ…ということは、個別対応方式の適用要件を満たしていないということなので、一括比例配分方式で修正申告をしていただくことになります。

経理課長　（びっくりして）ということは、商品仕入高も70％しか控除できないということですか？　それはあまりにも酷い…せめて個別対応方式で修正させてくださいよ…（泣きそうになっている）。

調査官　本当だったら5期分修正していただくんですが、まぁ特別にサービスしておきましょう…直前期の分だけ一括比例配分方式で修正申告をしてください。

個別対応方式の適用要件とは？

　個別対応方式を適用する場合には、課税仕入れ等の税額をその用途に応じて3つに区分することが要件とされています。したがって、調査官の指摘するように、用途区分ができていない場合には、当然に個別対応方式による修正申告は認められないことになるわけですが、ここでちょっと気になることがあります。

　「区分をしていない場合」と「区分を誤った場合」の境界線はどこにあるのでしょうか…。今は会計ソフトを利用して消費税のコード入力をする時代です。税理士事務所では、売上規模が5億円以下の顧問先については、用途区分の入力を省略するために、すべて「課税売上対応分」のコードで入力処理することもあるようです。このような処理方法は、課税仕入れの用途区分をしていないことになるのでしょうか？　S社のように、純粋に一般管理費を「課税売上対応分」だと思い込んでいた場合でも、用途区分をしていないものとして、個別対応方式による修正申告はできないことになるのでしょうか？　極端なケースであれば、用途区分を一つでも間違った場合には個別対応方式の適用は認められないことになるのでしょうか？…その境界線はとても曖昧なものがあるように感じられます。

 仕入税額控除の適用要件との関係

　仕入税額控除の適用を受けるためには、法定事項が記載された帳簿及び請求書等の保存が義務付けられています（消法30⑦）。裁決事例集82集（平成23年3月30日裁決）では、型枠工事業を営む請求人が、職人に支払った外注費を記載したノートの信憑性が問題となりましたが、審判所では、不完全な記載となっている帳簿（ノート）を根こそぎ否認するのではなく、法定事項が記載されている箇所を抜き出して、部分的に仕入税額控除を認めています（速報税理2017.2.1号24〜27頁参照）。そうすると、個別対応方式の適用要件である課税仕入れの用途区分についても、単なる区分誤り

についてはその程度の如何に関わらず、個別対応方式による修正申告が認められるべきものと思われます。

 課税売上割合に準ずる割合の活用

突発的に土地を譲渡した場合には、税務署長の承認を受けることにより、次の①と②のいずれか低い割合により、共通対応分の仕入税額を計算することが認められています（国税庁質疑応答事例／仕入税額控除（課税売上割合の計算）15 たまたま土地の譲渡があった場合の課税売上割合に準ずる割合の承認）。

①前期以前3年間の通算課税売上割合
②前期の課税売上割合

したがって、例年における課税売上割合が95％以上の場合には、ほぼ100％に近い割合により、共通対応分の仕入控除税額を計算できることになります。なお、「消費税課税売上割合に準ずる割合の適用承認申請書」は、土地の譲渡があった課税期間中に提出し、承認を受けなければなりません。申告期限までの申請ではありませんので注意が必要です。

境界線を見極めるのだ…！

高額特定資産を取得した場合の特例(1)
高額特定資産と調整対象固定資産

税理士仲間の会話です。

税理士A 高額特定資産を取得すると、いわゆる「3年縛り」が適用されることになったんだけれども、これって単に調整対象固定資産の金額ラインが1,000万円にアップされただけなんだよね?

税理士B 確かにそれもあるけれど、財務省の解説資料を読んでみると、どうやら今回の改正は、棚卸資産を利用した租税回避スキームを封じ込めることが主な狙いだったみたいなんだ。

 高額特定資産とは?

平成28年度改正では、本則課税の適用課税期間中に高額特定資産(税抜金額が1,000万円以上の棚卸資産及び調整対象固定資産)を取得した場合には、22年度改正法の適用の有無にかかわらず、いわゆる「3年縛り」が適用されることとなりました(消法12の4、37③)。

財務省から公表された改正税法の説明資料によりますと、高額な棚卸資産を取得して消費税の還付を受け、その翌課税期間において簡易課税制度の適用を受けて物件を売り抜けるスキームが会計検査院からの指摘事項として問題視されたことが今回の改正の理由であると説明されています。

例えば、高額な販売用不動産を取得して1億円の消費税の還付を受け、その翌課税期間において簡易課税制度の適用を受けて他の事業者に仕入価額で転売した場合には、他の事業者に対する仕入商品の販売としてその建物の売上高は第1種事業に区分することができます。結果、90%のみなし仕入率が適用されますので納付税額は1,000万円に圧縮され、差額の9,000万円が益税として事業者の手元に残ることになります。

そこで、平成28年度改正では高額特定資産の範囲に棚卸資産も含めることにより、簡易課税のみなし仕入率を利用した節税スキームを封じ込める

こととしたものです。

● 調整対象固定資産の定義は…

税理士A 今までは固定資産の購入金額が100万円以上だと、たとえ乗用車を購入した場合でも「3年縛り」になったわけだ。でも、今後は購入金額が1,000万円未満であれば「3年縛り」はないということだから、これだけでも随分と楽になったと思わないかい？

税理士B （びっくりしながら）調整対象固定資産の定義については100万円以上で変わりはないんだよ。つまり、22年度改正が改正になったんじゃなくて、これとは別に、新たに高額特定資産の特例が創設されたということなんだ。

税理士A じゃあ今後も100万円以上の自動車を購入した場合には、「3年縛り」になるってことかい？

 22年度改正法との関係はどうなる？

　平成22年度改正法では、自動販売機を使った賃貸マンションの建築費の消費税還付スキームを封じ込めるために、下記①〜③の期間中に調整対象固定資産を取得した場合について、「3年縛り」を適用することとしました。
① 　「課税事業者選択届出書」を提出した場合の強制適用期間中
② 　資本金1,000万円以上の新設法人の基準期間がない事業年度中
③ 　特定新規設立法人の基準期間がない事業年度中
　その一方で、28年度改正では、高額特定資産を取得した場合の納税義務の免除の特例規定が創設されたわけですが、この改正により、上記の22年度改正法が廃止になったわけではありません。22年度改正法に被せるような形で、高額特定資産の特例が創設されたということに注意する必要があります。
　したがって、上記①〜③の期間中に調整対象固定資産を取得した場合には、まずは22年度改正法が優先的に適用されますので、たとえ調整対象固定資産の取得価額が1,000万円未満であったとしても、結果として「3年

縛り」が適用されることになるのです。

 高額特定資産の特例が適用されるケースとは？

　22年度改正法は、課税選択の場合であれば、強制適用期間中に調整対象固定資産を取得しない限りは適用されません。

　例えば、個人事業者が賃貸物件の取得費について消費税の還付を受けるために課税事業者を選択したものの、何らかの事情により物件の取得が課税事業者となった年の翌々年以後になったようなケースでは、「3年縛り」は適用されないことになります。結果、物件を取得する年中に「課税事業者選択不適用届出書」を提出することにより、その翌年は免税事業者になることができたのです。

　このような中途半端な取扱いは、今回の改正でひとまずは交通整理がされたことになります。本則課税の適用期間中に高額特定資産を取得した場合には、たとえ課税選択をした場合の強制適用期間を経過していたとしても、あるいは資本金1,000万円以上の新設法人や特定新規設立法人の設立3期目以降における取得であったとしても、「3年縛り」により簡易課税の適用や免税事業者になることによる「食い逃げ」ができないこととなったのです。

【具体例】

　7月1日に資本金1,000万円で設立した12月決算法人が、設立3期目において高額特定資産を取得し、本則課税により申告した場合には、5期目まで本則課税が強制適用となります。

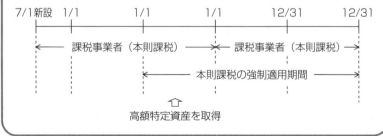

高額特定資産を取得した場合の特例(1)

 自己建設資産にも適用がある

　改正法の適用対象となる高額特定資産には、他から購入した資産だけでなく、建設業者が自ら建設した建物のような「自己建設高額特定資産」も含まれます。自己建設高額特定資産の場合には、材料費や外注費などの課税仕入れが建設期間を通じて累積していくことから、物件が完成した課税期間から「3年縛り」を適用するということになると、他から取得した高額特定資産との取扱いで均衡を欠くことになります。

　そこで、自己建設高額特定資産については、課税仕入れの累積が1,000万円に達した課税期間から物件の完成した課税期間の翌々期までの期間について、本則課税による申告を義務付けることとしています。

　この場合において、物件の建設期間中に免税事業者であった課税期間や簡易課税制度の適用を受けていた課税期間がある場合には、これらの期間中に発生した課税仕入れは累計額の計算にカウントしないこととしています（消令25の5）。

高額特定資産を取得した場合の特例(2)

22年度改正法(旧3年縛り)は廃止すべきではないか？

　P社は平成25年1月10日に資本金1,000万円で設立した法人です。

　設立第1期（平成25年1月10日～平成25年3月31日）と設立第2期（平成25年4月1日～平成26年3月31日）については、販売用商品の仕入れが大量にあったので、本則課税により消費税の確定申告をしています。

　設立第3期（平成26年4月1日～平成27年3月31日）からは、簡易課税制度の適用を受けるべく、設立第2期に「簡易課税制度選択届出書」を提出し、以後、継続して簡易課税により申告しているところへ税務調査がありました。

調査官　御社は設立第2期において「簡易課税制度選択届出書」を提出した後で調整対象固定資産を取得しています。よって、この「簡易課税制度選択届出書」の提出はなかったものとみなされますので職権により取り消しをさせていただきます。

税理士　（びっくりして）それはどういう意味ですか？

調査官　御社は「簡易課税制度選択届出書」を提出していないものとして取り扱われますので、設立第3期（平成26年4月1日～平成27年3月31日）から前期（平成29年4月1日～平成30年3月31日）までの4期分について、本則計算により修正申告をしていただくということです。

 職権による届出書の取り消しとは？

　資本金1,000万円以上の新設法人が、基準期間がない設立1期目と2期目において調整対象固定資産を取得した場合には、22年度改正法による、いわゆる「3年縛り」が適用されることになります。したがって、設立第2期に調整対象固定資産を取得したのであれば、設立第2期から第4期までは本則課税が強制適用されることとなりますので、調整対象固定資産を取得した事実があるのであれば、そもそも「簡易課税制度選択届出書」を提出することができません（消法37③）。

一方で、P社のように「簡易課税制度選択届出書」を提出した時には調整対象固定資産を取得する計画はなかったものの、届出書の提出後に調整対象固定資産を取得することとなったような場合でも、結果として「3年縛り」は適用されることになります。そこで、P社のようなケースでは、「簡易課税制度選択届出書」の提出をなかったものとみなすという規定を設け、無理矢理に法律上の辻褄を合わせることとしたのです（消法37④）。

【具体例】
　新設法人が、3期目から簡易課税制度の適用を受けるため、2期目に「簡易課税制度選択届出書」を提出した後に調整対象固定資産を取得した場合

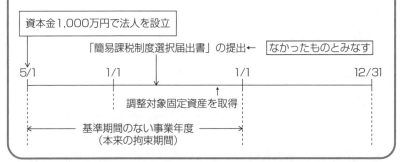

税務署からの指摘は必要か？

税理士　（条文を確認した後でため息をつきながら）確かに貴方の言うように「簡易課税制度選択届出書」の提出はなかったものとみなされることとなるみたいですね。

　　　でも、4年にもわたって誤った申告をさせておきながら、今頃になってから修正申告の指導をするのは酷くないですか？もっと早くに指摘してくれていれば、実害も少なくて済んだじゃないですか（怒）。

調査官　何で我々がそんなことまで面倒みなくちゃいけないんですか？我々は納税者の顧問をしているわけではありません。いつもいつも膨大な分量の申告書をチェックしているわけですから、見落としがあったって当然です。嫌がらせで指摘を遅らせたわけではなく、たまたま調査の時に気が付いたというだけのことです。

届出書の確認は税理士の仕事です！

言葉の使い方に棘があるものの、残念ながら調査官の言い分が正しいようです。

また、先生には申し訳ないのですが、申告書の提出状況と調整対象固定資産の取得状況を確認し、必要に応じて届出書の取り下げを検討するのは顧問税理士としての当然の職務です。ご自分の不手際を棚に上げて、税務署に責任を転嫁することは許されません。

 高額特定資産についても適用がある！

本則課税の適用期間中に高額特定資産を取得した場合には、高額特定資産を取得した日の属する課税期間の初日から3年を経過する日の属する課税期間の初日の前日までの間は「簡易課税制度選択届出書」を提出することができません（消法37③）。したがって、「簡易課税制度選択届出書」の提出後に高額特定資産を取得したような場合には、平成22年度改正法と同様に、その届出書の提出はなかったものとみなされることになりますのでご注意ください（消法37④）。

 22年度改正法の問題点

22年度改正法が創設される前は、建築途中のマンションに自販機を設置して課税売上げを発生させ、マンションの建築費について消費税の還付を受けるという節税スキームが大流行していました。

22年度改正法の最大の問題点は、自販機による還付スキームを封じ込めるために、100万円以上の固定資産であれば、店舗や事務所はもとより、自動車までをも「3年縛り」の対象に加えてしまったことにあります。実務の現場がわからない（わかろうともしない）岡っ引き（官僚）により創

設された天下の悪法です！

22年度改正法の廃止の提言！

　『課税事業者選択不適用届出書の提出をなかったものとみなす』という取扱いは、出来の悪い22年度改正法の辻褄を合わせるために、無理矢理にねじ込んだ悪文です。

　この劣悪な22年度改正だけでは飽き足らず、主税局では、23年度改正による特定期間中の課税売上高による納税義務の判定、社会保障・税一体改革法による特定新規設立法人の特例と、連年にわたる嫌がらせのような改正を繰り返し行いました。

　結果、消費税の納税義務者と仕入税額控除の規定は複雑怪奇な制度に変化してしまったところへとどめを刺すように創設されたのが、「28年度改正による高額特定資産の特例制度」です。

　小手先だけの改正ではなく、主税局はもう少し広い視野で、大局的に物事を考えて立案することができないのでしょうか？　100万円程度の自動車を購入した位でなぜ３年間も拘束されなければいけないのでしょう…。

　今回の改正で高額特定資産の特例制度が創設されたわけですから、この機会に、立案担当者には猛省を促すとともに、せめてもの罪滅ぼしとして、事実上不要となった22年度改正法を廃止し、多少なりとも交通整理をしてもらいたいと思います。

届出書の確認は税理士の仕事なのです。

アーカイブ～自販機作戦！
自販機作戦で国から借金？

　K税理士のところに税務相談がありました。相談者は、一昔前に大流行した自販機作戦について、何やら企んでいるようです。

相談者　自販機を設置すると消費税の還付金が貰えるという話を某ハウスメーカーのSさんから聞いたのですが、どんなスキームなのか教えてもらえますか？

税理士　一昔前に流行ったマンション建築費の還付スキームのことですね。法律が改正されたんで、今は自販機作戦を企てる人なんかどこにもいませんよ。

 自販機作戦とは？

　たとえ居住用の賃貸物件であっても、建物が完成する課税期間における課税売上割合が95％以上となる場合には、その建築費の全額を仕入税額控除の対象とすることができます。「自販機を用いた消費税の還付スキーム」とは、この95％ルールを巧みに利用した居住用賃貸物件の消費税の還付方法です。

　一例を紹介しましょう。

　新たに不動産賃貸業を開始する個人事業者が賃貸マンションを新築する際に、建物が完成する年から課税事業者を選択します。ただし、建物の完成は年末に設定し、賃貸開始は翌年からとします。さらに、建物が完成する年において、建築途中のマンションに自販機を設置し、これを稼働させるという手口です。

　これにより、建物が完成する年中の課税売上高は自販機の売上高だけとなり、結果、課税売上割合が100％（95％以上）となって、建物の建築費の全額を仕入税額控除の対象とすることができるのです。

　なお、課税事業者を選択した個人事業者は、2年間の強制適用が義務付

けられています（消法9⑤〜⑦）。したがって、課税事業者を選択して消費税の還付を受けた翌年は、課税事業者として申告納付が必要となります。

　不動産賃貸業の必要経費は、借入金利子、固定資産税、減価償却費など、課税仕入れにならないものが殆どなので、中小事業者は簡易課税を選択した方が確実に有利となります。そこで、建物が完成する年は原則課税により申告し、その翌年は簡易課税により申告することが、還付請求手続におけるいわば「常識」とされていたところなのです。

　さらに、年間の課税売上高が1,000万円以下の場合には、建物が完成する年の翌年中に「課税事業者選択不適用届出書」を提出することにより、その翌年からは免税事業者となることができたのです。このようなスキームのことを、課税庁では「食い逃げ」と呼んでいるそうです。

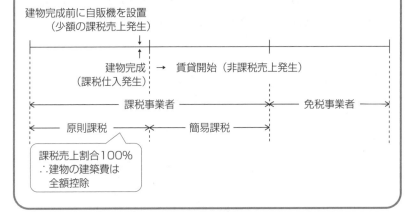

平成22年度改正法による対策

　平成22年度改正及び社会保障・税一体改革法では、次頁①〜③の期間中に調整対象固定資産を取得した場合には、その取得日の属する課税期間の初日から3年を経過する日の属する課税期間（第三年度の課税期間）までの間は本則課税による申告を義務付けることとしました。これにより、課税売上割合が著しく減少した場合の税額調整の規定を強制適用させることによって、たとえ自販機を設置して還付を受けたとしても、これを3年目

において取り戻そうとするものです。
① 課税選択をした事業者の強制適用期間
② 資本金1,000万円以上の新設法人の基準期間がない事業年度
③ 特定新規設立法人の基準期間がない事業年度

ところで、課税売上割合の変動による税額調整の規定は、調整対象固定資産を取得した課税期間と第三年度の課税期間のどちらもが本則課税で申告していなければ適用することができません。つまり、調整対象固定資産を取得した課税期間から第三年度の課税期間まで、本則課税による申告を義務付けることにより、課税売上割合の変動による税額調整の規定を強制適用させることが、22年度改正の意図するところなのです。

自販機による還付スキームを企てた場合には、翌年（翌期）以降に非課税となる住宅家賃収入が多額に発生するため、下記の変動率と変動差による判定要件はほぼ間違いなく満たすことになります。

＜判定方法＞

上図において、x1年度における課税売上割合をA、x1年度からx3年度までの売上高を通算して計算した課税売上割合（通算課税売上割合）をBとすると、x1年度に固定資産を取得した場合には、次の算式により変動率と変動差を計算します。

結果、変動率が50％以上かつ変動差が5％以上となった場合には、x3年度においてx1年度の控除税額を再調整することになります（消法33①、②、消令53②、③）。

$$変動率 = \frac{A-B}{A} \geq 50\%$$

$$変動差 = A-B \geq 5\%$$

結果、第三年度の課税期間において、当初の還付税額とほぼ同額の税額が取り戻し課税（調整前の仕入控除税額からカット）されることになるのです。

還付金で建築費を調達する？

相談者 Sさんは「自販機スキームは合法だ」と言ってましたけど本当に大丈夫なんでしょうか？

税理士 確かに違法ではありません。でも、当初の還付金は翌々年の申告でほぼ全額が取り戻し課税されるわけですから、申告すること自体に意味がないと思いませんか？

相談者 実は…お恥ずかしい話なのですが、マンションの建築資金が足りないのです。どうしても1,000万円ほど都合がつかないので、マンションの建築を諦めようと思っていたらこの話があったんです。「3年後には貯まった家賃で楽々納税ができますよ」ってSさんは言ってました。

税理士 （呆れながら）要するに国から無利子で建築資金を借りるということですね？確かにそのこと自体は違法ではありません。でも、その前によーく考えてみてください。

借入金の返済と今後毎年発生する所得税と住民税、事業税の納税額はちゃんと試算しましたか？

本当に家賃収入でペイできますか？家賃保証とか怪しい誘い文句に騙されていませんか？もう一度契約書をじっくりと読み直してみたほうがいいと思いますよ…。

高額特定資産の取得でも3年縛りがない？
届出書の履歴に注意する！

税理士仲間の会話です。

税理士A 僕の顧問先に不動産賃貸業を営んでいる法人があるんd。長いこと空き部屋ばかりだったテナントビルが埋まったのはいいんだけど、前期の課税売上高が5,000万円を超えちゃったんだよね。

税理士B 不動産賃貸業の課税仕入れといえば修繕費くらいしかないからね。本則課税になるとびっくりするくらい税額が増えるんだろうね。

税理士A 来期から本則課税になるのは仕方ないとして、当期中に「簡易課税制度選択不適用届出書」を提出しておく必要はあるのかな？

税理士B 自主的にやめるわけじゃないんだから届出書は提出しなくてもいいはずだよ。

簡易課税制度選択届出書の効力

「簡易課税制度選択届出書」を提出した場合であっても、基準期間における課税売上高が5,000万円を超える場合には簡易課税により計算することはできません。「簡易課税制度選択不適用届出書」は、簡易課税を適用している事業者が自らの意思でこれを取り止める場合に提出するものであり、基準期間の課税売上高が5,000万円を超えたことにより、いわば強制的に本則課税になる場合についてまで提出するものではありません。

B先生のおっしゃるように、たとえ本則課税により計算する場合であってもなんら届出書は提出する必要はなく、以後、基準期間の課税売上高が5,000万円以下の課税期間についてだけ簡易課税を適用すればよいということです（消基通13－1－3）。

● 3年縛りはあるか？

税理士A 本則課税が強制適用となる来期中に高額特定資産を取得した場合には「3年縛り」になるんだよね？

税理士B 基準期間における課税売上高が1,000万円以下でも本則課税が強制適用になるくらいだから、5,000万円以下でも当然に本則課税になるんじゃないのかな…。

 3年縛りはありません！

　本則課税の適用期間中に高額特定資産を取得した場合には、高額特定資産を取得した日の属する課税期間の初日から3年を経過する日の属する課税期間の初日の前日までの間は「簡易課税制度選択届出書」を提出することができません（消法37③）。例えば、12月決算法人が平成29年度中に高額特定資産を取得した場合には、高額特定資産を取得した日の属する課税期間の初日（平成29年1月1日）から3年を経過する日（平成31年12月31日）の属する課税期間（平成31年1月1日〜平成31年12月31日）の初日の前日（平成30年12月31日）までの間は「簡易課税制度選択届出書」を提出することができないことになります。平成31年1月1日以後に「簡易課税制度選択届出書」を提出することにより、平成32年度から簡易課税制度の適用を受けることができますので、要は、「簡易課税制度選択届出書」の提出時期に制限を設けることによって、事実上本則課税による「3年縛り」をしているということです。

　また、「簡易課税制度選択届出書」を提出した場合であっても、基準期間における課税売上高が5,000万円を超える場合には、簡易課税により計算することはできませんので、事前に「簡易課税制度選択届出書」を提出している事業者の基準期間における課税売上高が5,000万円を超えたことにより本則課税が適用され、たまたまこの課税期間中に高額特定資産を取得したようなケースでは、簡易課税制度の適用制限はされないことになるのです！

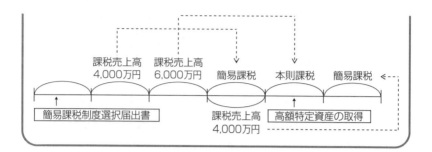

 届出書の履歴に注意する！

　簡易課税制度の適用上限額は、消費税の導入当初は5億円に設定されていました。その後幾度かの改正を経て適用上限額は4億円、2億円と徐々に下がり、平成15年度改正でいっきに現行の5,000万円にまで引き下げになりました。これにより、今まで簡易課税により楽をしてきた（？）巷の税理士さんは軒並み簡易課税が使えなくなり、本則課税による仕入控除税額の計算がにわかにクローズアップされたのです。その後十数年が経過しているわけですが、本書をお読みの先生方、顧問先の届出書の履歴はちゃんと把握してますか？十数年間も本則課税での申告を続けていると、届出書の履歴など忘れてしまっている先生も多いのではないでしょうか。はるか昔に簡易課税制度の適用を受けていたことを忘れてしまっていませんか？

 失敗事例

　K税理士さんの失敗事例を紹介します。
　K先生の顧問先に建設業者がありました。年商2億円弱で、簡易制度の適用を受け、消費税の申告をしていました。社長さんは60代ですが、まだまだ元気で毎晩酒を呑み歩き、あまりの交際費の多さにK先生をハラハラさせるような税務調査もしばしばありました。
　この会社が平成15年度改正による簡易課税制度の適用上限額の引き下げ

により本則課税に変更になり、はや十数年が経過しました。

昔は血気盛んだった社長さんもさすがに歳をとり、昔のように毎晩呑み歩くこともなくなりました。売上規模も徐々に小さくなり、事業承継か、はたまた廃業を思案しているところです。

事業承継といっても子供は嫁に行った娘しかおりません。廃業するにしても会社名義の土地を処分するとなると、無駄な税金を支払うことになります。悩んだ末の結論として、会社名義の土地に賃貸ビルを建築し、不動産賃貸業として事業を継続することになりました。家賃収入で役員報酬を確保し、ゆくゆくは娘に会社の株式を相続させるという作戦です。シナリオを描いたK先生は、十数年もの間本則課税で申告していたことから、ビルが完成する事業年度も当然に本則課税により還付が受けれるものと思い込んでいたのです…。

ところがどっこい、神様は実に底意地の悪いことをするものです。年々売上高が減少しているところへビルの賃貸を計画したものですから、狙い澄ましたように、ビルが完成する期の前々期（基準期間）における課税売上高が5,000万円以下となったのです。

結果、十数年ぶりの簡易課税の復活です！復活というよりも「強制適用」と言ったほうがいいかもしれません。届出書の履歴（管理）にはくれぐれもご注意くださいませ…。

届出書の履歴にもご注意を

高額特定資産と事業者免税点の関係
個人事業者の事業用不動産の譲渡に注意！

　不動産賃貸業を営むAさんから税務相談がありました。Aさんの家賃収入は年間2,000万円程度ですが、居住用の賃貸物件が大半を占めるため、消費税の納税義務はありません。

Aさん　平成28年中に大型の賃貸物件を大手不動産会社に売却しましたが、同年分の消費税の申告はしていません。とある人が「消費税の申告は必要だ」と言っていたんですが、土地建物の譲渡は分離課税の譲渡所得になるわけですから家賃とは本質的に異なります。私は消費税の申告はいらないと思っているのですが、何となく気になりましたのでご相談に伺った次第です。

税理士　所得税の所得区分と消費税の課否判定は基本的に関係ありません。事業用資産の譲渡であれば、たとえ分離課税の譲渡所得に区分されるものであっても課税の対象となります。ただ、Aさんの場合には収入の大半が住宅家賃ということですから、平成28年の基準期間である平成26年中の課税売上高は1,000万円以下となります。結果、平成28年分の申告は必要ありません。

 個人事業者の消費税

　個人事業者は、事業者としての側面と消費者としての側面があります。所得税の計算においては、事業費と家事費の区分が所得計算上のポイントとなりますが、消費税においても、事業として行った行為か否かの判断が非常に重要となってきます。

　所得税の世界では、その個人から発生した所得を、事業か否かにかかわらず、10種類の所得に区分し、所得計算を行っていくのに対し、消費税の世界ではあくまでも「事業として」行われたものだけが課税の対象となります。よって、不動産所得や事業所得だけでなく、譲渡所得や雑所得に区

高額特定資産と事業者免税点の関係

分されるものであっても、事業として行われる行為であれば課税の対象に組み込まれることになります。

さらに、消費税の場合には「事業」の規模は問われないことから、例えばサラリーマンが自己所有の敷地の一部を駐車場として賃貸するような場合であっても、反復、継続、独立して行われるものは課税の対象となるのです。

平成30年分の申告はどうなる？

Aさん 平成28年中に売却した物件は駅前のマンション一棟で、入居者が満室の状態でした。築年数は浅いのですが、大手不動産会社から買い取りのオファーがあり、条件が良かったので売却することにしたのです。

税理士 売却金額はどれ位になりましたか？

Aさん 土地建物で5億円位です。売買契約書では建物の対価が1億800万円となってます。

税理士 ということは、今年（平成30年）は消費税の納税義務者ということになります。課税事業者届出書は…もちろん提出してないですよね。

Aさん 届出書を提出してないと何か問題ありますか？

税理士 前々年の課税売上高が1,000万円を超えた場合には、当年の売上規模に関係なく、消費税の申告義務が発生します。この場合には、「消費税課税事業者届出書（基準期間用）」を提出する必要があるわけですが、この届出書には期限がありません。したがって、今から提出しても特に問題はありません。

厄介なのは「簡易課税制度選択届出書」です。不動産賃貸業の場合、必要経費といえば借入金利子や減価償却費、固定資産税など課税仕入れにならないものが大半を占めていますので、簡易課税制度の適用を受けたほうが絶対的に有利になります。

ただし、簡易課税制度の適用を受けようとする場合、届出書は事前提出が義務付けられていますので、今から届出書を提出しても、平成30年分の申告で簡易課税制度の適用を受けることはできません。もっとも、平成30年中に多額の設備投資計画などがある場合には、むしろ簡易課税

制度の適用を受けないほうが有利になるケースもありますが…。

Aさん　具体的にどういうことですか？

税理士　簡易課税の最大のデメリットは、どんなに多額の設備投資があったとしても、絶対に消費税の還付を受けることはできないということです。平成30年中に賃貸物件の新築計画などがある場合には、むしろ届出書を出さなくて正解ということになりますね。

Aさん　では、今年中に賃貸物件を新築することにします。そうすると消費税の還付が受けられるということですね？

税理士　（慌てながら）必ず還付になるとは限りません。まず、駐車場や貸店舗、貸事務所などの課税収入がどの程度あるかによって計算も変わってきます。また、貸店舗などの商業用物件であれば、個別対応方式を適用することにより建築費の全額が仕入税額控除の対象になりますが、物件が居住用の場合には一括比例配分方式を適用しますので、建築費のうち、課税売上割合分しか控除することはできません。

Aさん　ところで、平成29年中の私の課税売上高は1,000万円以下になりますので、私は平成31年からは再び免税事業者になれるんですよね？

税理士　本年中に新築する物件から発生する家賃にもよりますが、現時点では平成31年以降は免税事業者になることができます。期限はありませんが、「消費税の納税義務者でなくなった旨の届出書」を提出するのを忘れないでください。

高額特定資産と事業者免税点の関係

 3年縛りになります！

　本則課税の適用期間中に高額特定資産を取得した場合には、たとえ平成22年度改正法の適用を受けない場合であっても、いわゆる「3年縛り」が強制されることとなりました（消法12の4、37③、消令25の5）。したがって、平成30年中の賃貸物件の建築費が1,000万円以上の場合には、基準期間中の課税売上高に関係なく、平成32年まで本則課税が強制適用されることになります。

高額特定資産と事業者免税点の関係にご注意

　また、高額特定資産を取得したことにより「3年縛り」となる課税期間中において、基準期間における課税売上高が1,000万円以下となった場合には、「高額特定資産の取得に係る課税事業者である旨の届出書」の提出が義務付けられています。

　ただし、「課税事業者選択届出書」を提出している事業者はこの届出書を提出する必要はありません（消法57①二の二）。

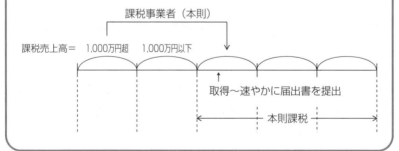

旧3年縛りと新3年縛り
奇妙奇天烈な納税義務判定で実務は大混乱に！

税理士仲間の会話です。

税理士A 最近の消費税改正って一体全体どうなっちゃってんの？

税理士B 嫌がらせとしか思えないよね。現場のことも考えず、よくまあ次から次へと思いつきで下らない改正をしてくるもんだ。

税理士A 主税局の連中は現場の苦労はまったくわかってないんだろうね…。中途半端に立案だけしてあとはよほどのことが無い限りはそのまま知らんぷり…あまりにも無責任だと思わないかい？

「新3年縛り」と「旧3年縛り」

まったくもっておっしゃるとおり！最近の消費税改正の酷さは目に余るものがあります。まず、22年度改正で自販機を使った節税スキームを封じ込めるために、いわゆる「3年縛り」の規定を作りました。

しかし、今までも散々けなしてきたように、この22年度改正法は課税事業者の選択であれば強制適用期間中、資本金1,000万円以上の新設法人や特定新規設立法人であれば基準期間がない事業年度中に調整対象固定資産を取得した場合でなければ「3年縛り」はできません。これに加え、棚卸資産についてはどんなに高額であろうとも改正法の適用除外となりますので、自販機スキームの抑制にはなったものの、実際には中途半端な節税スキームをはびこらせる原因となってしまったことも事実なのです。

こういった法律上の抜け穴を塞ぐべく、平成28年度改正で高額特定資産の特例が創設されたわけですが、本制度による「新3年縛り」と22年度改正による「旧3年縛り」が併存していることにまずは大きな弊害があります。まずは事実上不要となった「旧3年縛り」を廃止して交通整理をすべきです！

旧3年縛りと新3年縛り

 23年度改正も問題あり！

　資本金1,000万円未満の新設の法人は、基準期間がない事業年度は原則として免税事業者となります。この納税義務がない新設法人に多額の外注費や人材派遣料を払って節税を図ろうとする動きを抑制するために、特定期間中の課税売上高を使い1年前倒しで納税義務判定することとしたのが23年度改正です。

　しかし、小規模事業者に配慮して、課税売上高に代えて給与等の支払額による判定を認めたがために、特定期間中の課税売上高と給与支払額を天秤にかけることによる課税選択権の容認という妙な救済策（？）を認めることになりました。

　加えて「課税事業者届出書（特定期間用）」を提出して課税事業者になった場合に、22年度改正法による「旧3年縛り」が適用されないという何とも間抜けなことになったのです！

 特定新規設立法人の特例も問題あり！

　繰り返される醜悪な改正に止めを刺すように創設されたのが特定新規設立法人の特例です。大規模事業者等に事実上支配されている新設の法人は、たとえ資本金が1,000万円未満でも設立当初から納税義務を免除しないこととするもので、23年度改正法の不備を補うことが創設の目的と思われます。

　ただ、この改正法についても、次の図のように子会社を間に咬ますことにより、事実上課税逃れができてしまいます。

　例えば、

```
        100%      100%（新設）
  A社  ←  当社  →  B社
```

という資本関係でA社の売上高が5億円を超える場合、B社は特定新規設立法人として設立当初から課税事業者となりますが、

```
                100%        100%(新設)
        当社  →  A社    →   B社
```

という資本関係の場合には、当社の売上高が5億円を超えていたとしても、当社はB社の直接株主ではないため、B社は特定新規設立法人には該当せず、免税事業者になることができるのです。

拘束期間はいつまでになる?

税理士A 個人事業者が平成30年から課税事業者を選択し、同年中に1,000万円未満の調整対象固定資産を取得した場合は、「旧3年縛り」が適用されて平成32年まで本則課税が強制適用となる。平成30年と31年に連続して調整対象固定資産を取得した場合はどこまで本則課税が適用になるのかな?

税理士B 「旧3年縛り」の規定は、課税選択した場合の強制適用期間中に調整対象固定資産を取得した場合に限り、「3年縛り」になるわけだから、平成30年から33年までが本則課税になるんじゃないの?

税理士A じゃあ平成30年と31年、さらには32年(2020年)と3年連続で調整対象固定資産を取得した場合はどうなるんだろう…平成32年(2020年)は本則課税の強制適用期間になるわけだから、ここからさらに3年後の平成34年(2022年)までが強制適用期間になるのかな?

平成34年(2022年)は免税事業者になれます!

「旧3年縛り」の規定は、個人事業者が課税事業者を選択した場合であれば、課税事業者として拘束される2年間の間に調整対象固定資産を取得した場合に限り、3年間本則課税で拘束するものです。よって、「3年縛り」の規定により3年目以降にまで延長された期間についてまで、「3年縛り」が追いかけてくるわけではありませんのでご安心ください。

ただし、取得資産が高額特定資産に該当する場合には、取得日の属する年から「新3年縛り」が適用されますので、平成32年(2020年)に取得した場合には34年(2022年)まで、平成33年(2021年)に取得した場合

旧3年縛りと新3年縛り

には35年（2023年）までと、永遠に「3年縛り」が繰り返されることになります。

 課税事業者選択届出書の効力

　課税事業者を選択した個人事業者が「旧3年縛り」の規定の適用を受ける場合には、調整対象固定資産を取得した年の翌々年以後でなければ「課税事業者選択不適用届出書」を提出することができません。よって、平成31年に調整対象固定資産を取得した場合には、平成33年（2021年）中に「課税事業者選択不適用届出書」を提出することにより、平成34年（2022年）から課税選択の効力は失効することになります。ただし、この場合であっても高額特定資産については「新3年縛り」が適用されますので、平成32年（2020年）中に高額特定資産を取得した場合には、平成34年（2022年）まで本則課税が強制適用されることになるのです！

新・旧3年縛りにご注意を！

造成土地は高額特定資産に該当するか？
土地造成費は付随費用？それとも資本的支出？

税理士仲間の会話です。

税理士A 新しく関与先になった新設法人が宅地の造成事業をやってるんだ。造成費用は数千万円になるんだけど、造成宅地は高額特定資産になるのかな？

税理士B 販売用の宅地だから棚卸資産に該当するのは間違いない。君が心配してるのは、造成宅地が自己建設高額特定資産に該当するんじゃないかということだね？

税理士A 僕の予定としては、造成が完了した時点で造成費について消費税の還付を受け、その翌期から簡易課税に変更しようと思ってるんだ。「造成」は「建設」とは違うと思うんだけど、もし、この造成宅地が高額特定資産ということになると、いわゆる「3年縛り」が適用されることになってしまうんだ。安心して簡易課税が適用できるような妙案（？）はないものかね。

税理士B 造成費用は「付随費用」という理屈はどうだろう…。付随費用であれば取得価額に算入する必要はないわけだから、造成宅地は棚卸資産には該当するものの、結果として高額特定資産には該当しないことになるんじゃないのかな？

 付随費用の取扱い

高額特定資産の取得価額（課税仕入れに係る支払対価の額）には、引取運賃、荷役費等又はその資産を事業の用に供するために必要な費用は含まれません。よって、税抜の本体価額を1,000万円と比較したうえで、高額特定資産に該当するかどうかを判定することになります（消基通1－5－24）。

また、調整対象固定資産の取得価額（課税仕入れに係る支払対価の額）

造成土地は高額特定資産に該当するか？

についても、引取運賃、荷役費等又はその資産を事業の用に供するために必要な費用の額は含めずに、100万円との比較判定や調整税額の計算をすることとされています（消基通12-2-2）。

 棚卸資産の税額調整との関係は？

　免税（課税）事業者が課税（免税）事業者となる場合の期首（期末）棚卸資産の調整では、棚卸資産の取得価額（課税仕入れに係る支払対価の額）には、上記の付随費用を加算して調整税額の計算をすることとされています（消令54①一）。
　そうすると、高額特定資産の判定と棚卸資産の税額調整で付随費用の取扱いが異なることとなり、一抹の不安を感じてしまいます。実務の現場では、物件によっては土地の取得価額の数倍も造成費用がかかることは決して珍しくありません。そもそも論として宅地の造成費用が付随費用という認識で本当によいのでしょうか？

 土地造成費と資本的支出の関係

　調整対象固定資産に係る資本的支出は、100万円との比較判定や調整税額の計算をする時の課税仕入れに係る支払対価の額に含めることとされています（消基通12-2-5）。ただし、土地の造成、改良のために要した課税仕入れに係る支払対価の額のように、調整対象固定資産に該当しない資産に係る資本的支出についてはこのような取扱いはありません（消基通12-2-5（注））。
　では、宅地を造成して販売する場合のその宅地の造成費用はどのような取扱いになるのでしょうか？
　宅地の造成費用を付随費用と考えた場合には、造成宅地は棚卸資産には該当するものの、そもそもの取得金額が非課税であるから当該宅地は高額特定資産には該当しないことになります。一方で、宅地の造成費用を自己

建設資産（造成宅地）の原材料と認識した場合には、造成費用が1,000万円以上となった場合に、その造成宅地は高額特定資産に該当することとなるのでしょうか？

　高額特定資産については、消費税法基本通達の1－5－24から1－5－28までに定めがありますが、販売用宅地の造成費用の取扱いについては何ら定めは設けられていません。そうすると、「土地造成費は調整対象固定資産についての定めはある（消基通12－2－5（注））が、高額特定資産についての定めはないのであるから、高額特定資産の課税仕入れに係る支払対価の額に含まれるものと解釈すべきである」という解釈もできそうです。販売用の宅地（棚卸資産）が高額特定資産に該当するかしないかに関わらず、その取扱いについては、消費税法基本通達に明記すべきではないでしょうか？

まとめ控除をした場合はどうなる？

税理士A　建設業の場合には、確か工事の完成時にまとめ控除をすることができたよね。この場合の高額特定資産の取得の時期はいつになるんだろう？

税理士B　消費税法基本通達11－3－5（未成工事支出金）のことだよね？この通達はあくまでも課税仕入れのタイミングを定めたものだから、これを高額特定資産の取得の時期に準用することはできないと思うよ。

自己建設高額特定資産の課税仕入れの時期

　高額特定資産を自己建設する場合には、原材料費、経費などの課税仕入れの累計額が1,000万円以上となった課税期間において、その「自己建設高額特定資産」を取得したものとして取り扱うこととされています。

　この場合においては、自己建設高額特定資産を取得した課税期間の翌課税期間から、自己建設高額特定資産が完成した日の属する課税期間の初日から3年を経過する日の属する課税期間まで、本則課税が強制適用となるのですが、消費税法基本通達11－3－5（未成工事支出金）を適用して、物件の完成時に「自己建設高額特定資産」を取得したものとして取り扱うことはできるのでしょうか？

　未成工事支出金の課税仕入れの時期は発生ベースで認識するのが原則です。そうすると、B先生のおっしゃるように、本通達が実務上の取扱いに配慮して設けられたものである限り、物件の完成時を自己建設高額特定資産の取得の時期とすることはできないようにも思われます。一方で、高額特定資産を自己建設する場合の取得の時期を、「原材料費、経費などの課税仕入れの累計額が1,000万円以上となった課税期間とする」という取扱いが購入した高額特定資産との取得時期のバランスを考慮したものであると考えるならば、本通達の適用により、物件の完成時を自己建設高額特定資産の取得の時期としても、何ら問題はないものと考えることができそうです。

消費税進化論!? ❹

限界控除制度って、なんだ？

消費税が導入された当初には、限界控除という制度がありました。

ご承知のように、消費税の納税義務は基準期間中の課税売上高により決定されます。そこで、課税売上高が免税点に近い規模の事業者について、段階的に納付税額を軽減するために設けられたのが「限界控除制度」です。

「限界控除制度」とは、課税売上高が旧法の免税点である3,000万円以下の事業者は、免税事業者とのバランスを図るために納税額をゼロにし、課税売上高が3,000万円から5,000万円の間にある事業者については段階的に税額を軽減し、5,000万円に達した時点で本来の納付税額に一致させることとしたものです（旧消法40①）。

＜計算式＞

限界控除税額＝本来納付すべき消費税額×$\dfrac{5,000万円－課税売上高}{2,000万円}$

（注）　課税売上高が3,000万円未満の場合にはこれを3,000万円に置き換えて計算するため、結果的に納付税額はゼロになります。

例えば、課税売上高（税抜）が4,000万円で、本来納付すべき消費税額が20万円の場合には、最終的な納付税額は次のようになります。

20万円×$\dfrac{5,000万円－4,000万円}{2,000万円}$＝10万円…限界控除税額

20万円－10万円＝10万円…最終的に納付すべき税額

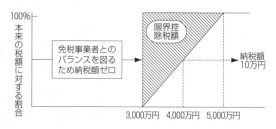

この限界控除制度は、本来「預り金」であるはずの消費税を「納税しなくてよい」という極めて問題のある制度であったことから、消費税率が引き上げとなった平成9年4月1日以後に開始する課税期間から廃止となりました。

第5章

申告納付・国際電子商取引・その他のトラブルも撲滅する！

～消費税の落とし穴は税額計算だけではありません！

中間申告制度(1)
任意の中間申告制度とは？

税理士事務所の職員同士の会話です。

Aくん　僕の担当先のM社なんだけど、消費税も源泉税もまともに期限までに払ったことがないんだよ。

Bくん　中小企業はどこも資金繰りが大変だからね。

Aくん　それもあるだろうけれども、どうも期限までに払わないクセがついちゃったみたいなんだ。「税金を期限までに払う奴は素人だ」とか言ってるんだよね。「延滞税もかかるし、ましてや源泉税の場合には不納付加算税が5％も取られるんだからバカらしいですよ」って言ったんだけどね……。

Bくん　そういえば改正で任意の中間申告制度ができたらしいけれども、これってどんな制度なの？

 任意の中間申告制度とは？

　中間申告の適用除外となる直前期の年税額（国税）が48万円以下の事業者は、選択により六月中間申告による前納（中間申告納付）ができることになりました。

　前納を希望する事業者は、「任意の中間申告書を提出する旨の届出書」を中間申告対象期間中に提出することにより、提出日以後、最初に六月中間申告対象期間の末日が到来する期間分から中間申告納付ができます（消法42⑧）。また、中間申告対象期間中に「任意の中間申告書を提出することの取りやめ届出書」を提出した場合には、提出日以後、最初に六月中間申告対象期間の末日が到来する期間分から選択による中間申告は不要となります（消法42⑨・⑩）。

　個人事業者の場合であれば、中間申告対象期間は1月1日から6月30日までとなりますので、この期間中に「任意の中間申告書を提出する旨の届

出書」を提出することにより、8月31日期限となる六月中間申告納付ができることになります。

中間申告の選択制度については簡易課税制度のような継続適用義務はありません。1年間だけ中間申告納税をして、その翌課税期間から止めることもできます。極端なケースでは、「任意の中間申告書を提出する旨の届出書」を提出した後、中間申告対象期間の末日までに中間申告選択不適用届出書を提出すると、結果として一度も中間申告納付をしないでよいことになるのです。

納税しなかったらどうなる？

Aくん 「任意の中間申告書を提出する旨の届出書」を提出したのはいいけれど、いざ納期限になってみたらお金がない！ なんてときはどうしたらいいんだろう……。やっぱり延滞税は取られるのかな？

Bくん そもそもが中間申告義務がない事業者なわけだから、滞納のリスクを考えたら、はなから中間申告の選択なんかしない方が安全かもしれないね。

みなし取りやめの制度があります！

「任意の中間申告書を提出することの取りやめ届出書」を提出した場合には、提出日以後、最初に六月中間申告対象期間の末日が到来する期間分から選択による中間申告は不要となります。

一方、期限までに中間申告書を提出しなかった場合には、この「任意の中間申告書を提出することの取りやめ届出書」の提出があったものとみなされ、その後の中間申告納付は不要とされています（消法42⑪）。

したがって、「任意の中間申告書を提出することの取りやめ届出書」の提出を失念した場合はもとより、納税する意志はあったものの、期限までに資金調達ができなかったような場合でも延滞税が課されることはありませんのでご安心ください。

みなし申告制度はありません！

　中間申告書を期限までに提出しなかった場合には、「期限までに前期実績による中間申告書の提出があったものとみなす」という「みなし申告」の規定があるために、無申告加算税が課されることはありません。ただし、この規定は「任意の中間申告書を提出する旨の届出書」を提出した事業者については適用されませんのでご注意ください（消法44かっこ書、消基通15－1－6（注））。

　前述のとおり、「任意の中間申告書を提出する旨の届出書」を提出した事業者が、期限までに中間申告書の提出をしなかった場合には「みなし取りやめ」の規定が適用され、その後の中間申告納付は不要となります。

　そうすると、「任意の中間申告書を提出する旨の届出書」を提出した事業者が期限までに中間申告書の提出をせず、納税だけをした場合には、「みなし申告」の規定は適用されないため、結果として申告書の提出がないままに納税だけが実行されることになります。この場合の納税額については、更正の請求ではなく、単なる誤納付として納税者に返金されることになるものと思われます。

（注）免税事業者が申告納税をしたことによる納付税額は、更正の請求により納税者に返金することとされています（消費税及び地方消費税の更正等及び加算税の取扱いについて（事務運営指針）第1　消費税及び地方消費税の更正等の取扱い－調査等により免税事業者であることが判明した場合の確定申告書等の取扱い）。

　ただし、「任意の中間申告書を提出する旨の届出書」を提出した事業者が、中間申告書を期限までに提出したにもかかわらず納税をしなかった場合には、原則として延滞税が課されることとなるのでご注意ください。

　延滞税の賦課を避けるためにはまず納税を済ませ、その後で中間申告書の提出をすることをお勧めします。そうすれば、もし納税できなかったような場合には「みなし取りやめ」の規定が適用され、任意の中間申告制度は自動的にリセットされることになるからです。

中間申告制度(1)

中間申告の判定ラインはどうなる？

　消費税の税率は、地方消費税込みで平成26年4月1日から8％（消費税6.3％、地方消費税1.7％）に引上げとなりましたが、税率引上げ後も、確定年税額（国税）のラインは変わりません。

　例えば、一月中間申告の判定ラインである4,800万円は、消費税率（国税）が4％から6.3％に引上げになったとしても、7,560万円にはならないということです。

$$4,800万円 \times \frac{6.3\%}{4\%} = 7,560万円$$

中間申告制度(2)

任意の中間申告制度の改正の要望

Aくん　中間申告書っていつも提出してる？

Bくん　税務署から送られてきた書類は封も開かずに何でも渡してくるお客さんがいるよね。こういう担当先にお邪魔したときは、まず納付書を切り離してお客さんに渡し、納期を告げてから申告書に印鑑をもらうようにしている。

Aくん　僕は中間申告書はいっさい提出しないことにしているんだ。というのも、昔、中間申告書を郵送で税務署に提出したら、収受印が押されないままで返信されてきたことがあるんだ。総務課に苦情の電話をしたら「みなし申告の規定があるから気にしないでください」って軽くあしらわれたことがある。それ以来、中間申告書を提出するのがバカバカしくなっちゃったんだよね。

Bくん　そういえば、任意の中間申告の場合には、みなし申告制度はないんだよね？

 みなし申告制度と実務上の取扱い

　消費税や法人税の中間申告書ですが、申告（納付）期限の1か月前くらいになると、所轄税務署から申告書と納付書が切取線で繋がった状態で、定形の封筒に封入されて送られてきます。前期実績の中間申告書には、申告金額やその計算過程などはすでに印字されていますので、追加の記載事項は会社名と税理士の署名くらいしかありません。こういった事情もあり、実務の現場では、中間申告書の提出はせずに、納税だけをする会社や税理士事務所も多いようです。

　Aくんの話を聞いてもお分かりのように、中間申告書の提出については、実務上の重要性は事実上ありません。しかし、Bくんが心配するように、任意の中間申告制度を選択した場合にはこのみなし申告制度が適用

されないこととなりますので、今後は、「任意の中間申告書を提出する旨の届出書」を提出した事業者の中間申告書は、他の中間申告書と区別して管理する必要があるのです。

前期が免税事業者の場合にはどうなる?

Aくん 課税事業者が免税事業者になった後でまた課税事業者に復帰したような場合には、届出書の効力はどうなるんだろう…。

Bくん 「任意の中間申告書を提出する旨の届出書」の効力は、「任意の中間申告書を提出することの取りやめ届出書」を提出するか、「みなし取りやめ」の規定が適用されない限り、存続すると思うんだ。でないと、課税事業者に復帰する度に届出書を提出するんじゃ面倒だし、免税事業者になるときの「みなし取りやめ」の規定もないわけだから、何もしなくてもいいんじゃないのかな…?

Aくん 前期が免税事業者の場合には中間申告書は提出しなくてもいいんだよね? 税額ゼロの申告書を提出したって意味ないもん!

Bくん (自信なさそうに)中間申告書を提出しなかったからといって「みなし取りやめ」の規定が適用されるなんてことはないよね?

 中間申告書の提出は必要です!

「任意の中間申告書を提出する旨の届出書」の効力は、中間申告書の提出を怠らない限り、免税事業者となってから再び課税事業者となる場合にもその効力は存続します(消基通15-1-1の3)。また、驚くなかれ!「任意の中間申告書を提出する旨の届出書」を提出した事業者は、たとえ直前期が免税事業者であることや、直前期が還付申告であることにより確定税額がゼロとなる場合でも、ゼロ円と記載した中間申告書を提出しない限り、中間申告の効力はリセットされてしまうのです(消基通15-1-1の2)。あまりにも使い勝手が悪いというか、実務に無頓着な制度ではないでしょうか?

　積極的に消費税を前納しようと頑張っている小規模事業者に対し、あま

りにも気配りが足りないのではないでしょうか？

　立法や通達の制定に携わる方々には、ぜひとももう少し使い勝手のよい制度に改めてもらいたいとお願いする次第です。

 制度の拡充についての提案

　改正により新設された中間申告制度は、消費税の滞納防止と徴税の効率化の観点から非常に有効であると思われます。そこで、この制度をさらに拡充し、中間申告義務の有無にかかわらず、一月中間申告や三月中間申告の選択もできるようにすることを提案したいと思います。

　また、前納報奨金制度を設けることにより、納税者の積極的な中間申告制度の活用を促すべきだと考えます。

（注）任意の中間申告制度に関するクマオーの提案については、232頁に詳しく掲載してあります。

 源泉所得税等の納期の特例制度についての改正の提案

　給与の支給人員が常時10人未満である源泉徴収義務者については、その納付手続を簡素化するために、1月から6月までに支払った所得に対する源泉徴収税額については7月10日までに、7月から12月までに支払った所得に対する源泉徴収税額については翌年1月20日までに納付すればよいこととされています（所法216）。

　小規模な個人事業者や法人は、資金繰りの都合もあり、納期の特例制度の適用を受けて年に2回だけ納付をするのが一般的です。この場合において、半年分の源泉税等をまとめて納付することになると、納税資金を運転資金に流用することなどが多く、結果、いざ、納期限となったときに資金不足となることも現実には多いようです。

　源泉税の納付がたとえ1日でも遅れた場合、原則として5％の不納付加算税が課されることになりますので、源泉税の納付遅延には特に注意す

る必要があるわけです。そこで、源泉税の滞納を防止するために、選択による納税制度の新設を提案したいと考えます。

　具体例をあげてみましょう。例えば、納期の特例制度の適用を受けている個人事業者が、3月に20万円の納税をした後に、1月～6月期間中の源泉税が50万円と確定した場合には、7月10日の上期の源泉税は30万円（50万円－20万円）だけ納税すればよいということです。

　納期の特例制度の適用対象事業者が月次の納付に変更した場合には、どうしても月によっては資金繰りの都合がつかないこともあろうかと思われます。そこで、現行の納期の特例制度の特権を維持しつつ、その期間の範囲内で任意の前納を認める制度を新設してはどうかと考えた次第です。

　実務の現場では、納期の特例制度の適用を受けながら、任意に源泉税を前納することがいわば暗黙の了解で認められているようです。ただ、実務上弊害がないとはいえ、このような便利な制度が法定化されていないということは、納税者だけでなく、収納機関である税務署にとっても不都合ではないでしょうか？一部の納税者だけが（勝手に）やっているということに問題はないのでしょうか？納付書の雛形も一新して、積極的に国民に前納制度をPRすることにより、早めの納税と早めの収納を推進することが、滞納防止にも役立つのではないかと思うのです。

中間申告制度をさらに拡充すべし！

国際電子商取引(1)

リバースチャージって、なんだ？

とある税務専門誌の編集部では、平成27年度改正（国境を越えた役務の提供に係る消費税の取扱い）の話題でもちきりです。

Aくん　覚悟はしていたけれども、ここまで法律が変わるとは想像していなかったよね。消費税法の条文は、国際電子商取引に関する改正のおかげであちらこちらがツギハギだらけのボロボロだ…。

Bくん　大綱を読んだ時点で少なくとも内外判定、課税対象要件、納税義務者、仕入税額控除が改正になることは予想はできていた。でも、こうやって改正法を読んでみると、税法条文ってのは本当に難しいっていうか、鬱陶しいっていうか、どんな頭の構造をしている人が立案するんだろう…。

 内外判定基準の変更

電気通信回線を介して行われる電子書籍や音楽のダウンロードなどの役務の提供（電気通信利用役務の提供）については、内外判定基準を役務提供者の事務所等の所在地から、役務の提供を受ける者の住所地等に変更することになりました（消法4③三）。これにより、国外企業が日本向けに行う電気通信利用役務の提供は、国外取引（不課税）から国内取引に変更になり、消費税が課税されることになります。

電子書籍や音楽の配信のように不特定多数を相手にするサービスは、顧客が非居住者であっても輸出証明ができません。結果、日本企業が海外向けに行うこれらの役務提供は、いままでは課税売上げとして処理せざるを得なかったわけですが、改正により、これを国外取引として消費税計算から除外することができるようになったのです。

● リバースチャージ制度

Aくん リバースチャージ制度はどこに書いてあるんだろう…。

Bくん （笑いながら）リバースチャージってのは国税庁のパンフレットで使われている解説用語だから、法律にこんな俗語は書いてないんだよ。

消費税法5条1項では、事業者は国内において行った「特定課税仕入れ」につき、納税義務があることになっている。「特定課税仕入れ」とは、同項において「課税仕入れのうち、特定仕入れに該当するものをいう」と定義されていて、「特定仕入れ」とは、同法4条1項において「事業として他の者から受けた特定資産の譲渡等をいう」と定義されている。そして「特定資産の譲渡等」とは…。

Aくん （げっそりしながら）まだ続くの…。

Bくん （気にする様子もなく）「特定資産の譲渡等」とは、同法2条1項8の2号において「事業者向け電気通信利用役務の提供及び特定役務の提供をいう」と定義されている。

「事業者向け電気通信利用役務の提供」とは、簡単に説明すると、「国外事業者が事業者に限定して行う電気通信利用役務の提供」のことだから、事業者が、国内で、国外事業者から電気通信利用役務の提供を受けた場合には、その「特定課税仕入れ」につき、納税義務を負うことになる。これを一言で表現したのが「リバースチャージ制度」なんだ。

消費者向け取引はどうなる？

国内において「特定資産の譲渡等」を行う国外事業者は、あらかじめ、その役務の提供に係る「特定課税仕入れ」を行う事業者が消費税の納税義務者となる旨を表示しなければなりません（消法62）。結果、「特定課税仕入れ」を行う事業者は、「リバースチャージ方式」による申告納税の義務をここで確認することになります。なお、国内において「特定課税仕入れ」を行う免税事業者には、納税義務はありません（消法9①、国税庁Q&A問27）。

国税庁のパンフレットでは、リバースチャージの対象となる「事業者向け電気通信利用役務の提供」以外の電気通信利用役務の提供を「消費者向

け電気通信利用役務の提供」と表現しています。しかし、「消費者向け電気通信利用役務の提供」の受益者には事業者も含まれることを考えると、「消費者向け電気通信利用役務の提供」という俗語は悪戯に誤解を与えることになりかねません。若干長文にはなりますが、「事業者向け電気通信利用役務の提供以外の電気通信利用役務の提供」と表記すべきではないでしょうか？

　「消費者向け電気通信利用役務の提供」については、役務の提供を行う国外事業者が納税義務者になると解説されています（国外事業者申告納税方式）。この場合において、日本に事務所等を有しない国外の納税義務者は、国内に書類送達等の宛先となる居住者（納税管理人）を置くこととされています。

○事業者向け電気通信利用役務の提供（リバースチャージ方式）

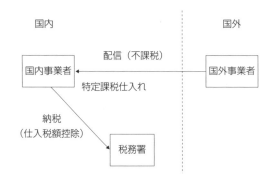

○消費者向け電気通信利用役務の提供（国外事業者申告納税方式）

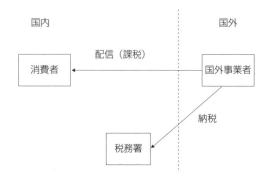

国際電子商取引(1)

電子書籍や音楽の配信のように、役務の提供を受ける者が事業者であることが明らかでない取引は「事業者向け電気通信利用役務の提供」には該当しないため、「リバースチャージ方式」は適用されません。

米amazonなどの国外事業者が配信する電子書籍や音楽などについては、消費者だけでなく、国内事業者がそのサービスを受信するケースも多いものと思われますが、このような取引に「リバースチャージ方式」は適用されないということです。

 課税標準額と仕入控除税額の計算

課税貨物を輸入した場合には、輸入者は通関時に納めた消費税が仕入控除税額の計算対象となります。ただし、サービスは貨物ではありませんので輸入(通関)することはできません。そこで、受益者は「特定課税仕入れ」というサービスの輸入に対する消費税を負担するとともに、その負担した消費税(特定課税仕入れに係る支払対価の額×6.3／100)を仕入控除税額の計算対象とすることができるのです。

ついに27年度税制改正法案が出たっ！

「特定課税仕入れ」につき、負担する消費税の計算は、輸入貨物のようにオリジナルの申告書によるのではなく、「特定課税仕入れに係る支払対価の額」を課税標準に加算する方法により計算することとされています。

$$\boxed{国内課税売上高} \times \frac{100}{108} + \boxed{特定課税仕入高}$$
$$= 課税標準額(千円未満切捨)$$

$$\boxed{国内課税売上高} \times \frac{6.3}{108} + \boxed{特定課税仕入高} \times 6.3\%$$
$$+ \boxed{課税貨物に係る消費税額} = 課税仕入れ等の税額$$

国際電子商取引(2)
登録国外事業者制度とは？

特定課税仕入高は課税売上高になる？

Aくん 「特定課税仕入れ」って仕入れだよね？ 特定課税仕入高が仕入控除税額の計算に組み込まれるのは当然として、何で課税標準に入るわけ？

Bくん そこが不思議なんだよね…。僕は大綱を読んだ時点で、「特定課税仕入れ」は「サービスの輸入」だと認識していたんだ。つまり、輸入申告のような方法で納付をし、納めた消費税が仕入控除税額の計算に取り込まれると思ってたんだけど、課税標準に計上するということは、課税売上高として認識するという意味なんだろうね…。

納税義務判定と簡易課税制度

「特定課税仕入れ」の取扱いは、正直クマオーも予想外でした。ただ、改めて大綱を読み直してみると、それらしき伏線が張られていることに気付きます。

例えば、納税義務の判定には、特定課税仕入高は含めない旨が大綱に明記されていますが、これは、要するに「特定課税仕入高は課税売上高ではない」と明記しているということです。つまり、「課税標準に計上はするけれども課税売上高ではない」と解釈するのが自然だと思うのです。

また、簡易課税により仕入控除税額を計算する場合には、輸入貨物に課された消費税は計算に関係させず、みなし仕入率により仕入控除税額を計算します。大綱によれば、簡易課税を採用する場合であっても特定課税仕入高に対する消費税を追加で控除できることとなっていますが、この取扱いは、特定課税仕入高を課税標準に計上するとともに、特定課税仕入高に対する消費税を控除してバランスをとるということです。よって、簡易課税に関する取扱いは法律に明記するものの、当分の間、特定課税仕入はな

かったものとすることになっているのです（平成27年改正法附則44②）。

両建計上は必要か？

Aくん 「特定課税仕入れ」って課税してから同額を控除するんだよね。これって意味ないと思わない？

Bくん 確かにそうだよね。でも、法律で決められたからには両建で計上しないといけないんだろうね。

 経過措置があります！

改正法では、課税売上割合が95%以上の場合には、当分の間、「特定課税仕入れ」はなかったものとすることになっています（平成27年消法附則42）。改正法を読む限り、課税売上高の5億円基準については何も制約がありません。よって、たとえ課税期間中の課税売上高が5億円を超えていても、課税売上割合が95%以上である限りは、特定課税仕入れは認識しなくてよいということになります。ただし、課税売上割合が95%未満となるようなケースでは、原則どおり特定課税仕入高は課税標準と仕入税額の両建計上が必要となりますのでご注意ください。

電子書籍や音楽の配信はどうなる？

Aくん 広告配信のような「事業者向け電気通信利用役務の提供」は、特定課税仕入高が仕入税額控除の対象となるけれども、電子書籍や音楽の配信のような「消費者向け電気通信利用役務の提供」は仕入税額控除ができないことになるのかな？

Bくん 国外事業者が日本に納税していることが確認できないと、原則として仕入税額控除は認めないみたいだね。

登録国外事業者制度

　前回でも解説したように、「消費者向け電気通信利用役務の提供」については、役務の提供を行う国外事業者が納税義務者となります（国外事業者申告納税方式）。電子書籍や音楽の配信のように、役務の提供を受ける者が事業者であることが明らかでない取引は「事業者向け電気通信利用役務の提供」には該当しないため、「リバースチャージ方式」は適用されません。国外事業者が配信する電子書籍や音楽などについては、消費者だけでなく、国内事業者がそのサービスを受信するケースも多いものと思われますが、このような取引に「リバースチャージ方式」は適用されないということです。

　課税サイドでは、国外事業者に誠実な納税義務の履行を期待する一方で、納税の事実を正確に捕捉することができないという課税技術上の問題があります。そこで、当分の間、国外事業者から提供を受けた「消費者向け電気通信利用役務の提供」については、その課税仕入れに係る消費税につき、仕入税額控除を認めないこととしているのです（平成27年消法附則38）。

　ただし、登録国外事業者から受けた「消費者向け電気通信利用役務の提供」については、登録番号等が記載された請求書等の保存を要件として、仕入税額控除を認めることとしています（平成27年改正法附則39）。

　登録国外事業者とは、

① 国内において行う「電気通信利用役務の提供」に係る事務所等が国内にあること
② 消費税に関する税務代理人があること

を要件として、国税庁長官の登録を受けた国外事業者をいいます。

国際電子商取引(2)

 内外判定と外国人の納税義務

　たとえ非居住者であっても、国内で行う役務の提供は消費税の課税の対象となります。したがって、外国人であるミュージシャンが国内で行うコンサートの収入や、外国のプロスポーツ選手が国内で開催される試合などに出場して収入を得るような場合には、その収入は消費税の課税の対象となります。結果、プロスポーツ選手などの個人事業者は、国籍に関係なく、前々年の国内での課税売上高（税抜）が1,000万円を超える場合には、消費税の申告納税義務を負うことになるのです。

　新聞報道によれば、サッカー選手の申告漏れが特に多かったとのことで、会計検査院から国税庁に改善要求がされたとのことです。

　ただ、現実問題として考えた場合、サッカー選手が所属チームから収受する報酬は、選手側としては、限りなく「給料」に近いイメージだと思うのです。消費税は所得税のように源泉徴収制度もありません。日本で開催した試合の分だけ消費税の申告納税を義務付けられたとしても、これを周知させるのは難しいように感じられます。

　そこで、国外事業者が国内において行う芸能やスポーツ等の役務提供について、消費税の納税義務を役務提供を行う事業者から役務提供を受ける事業者（イベントの主催者など）に転換することとしたのです（消法4①三、5①）。

　いうなれば、「新型のリバースチャージ制度」といったところでしょうか…。

リバースチャージと会計処理

これからの時代、インターネットなしに仕事はできません!

税理士仲間の会話です。

税理士A リバースチャージ方式が適用される場合の仕訳なんだけど、仮払消費税等と仮受消費税等を両建計上するみたいだね。

税理士B 特定課税仕入高は課税標準額に加算した上で仕入控除税額の計算にも取り込むわけだから、妙な感じはするけれどもある意味仕方ないんじゃないのかな。

税理士A 課税売上割合が95%以上の場合にはこんな面倒なことは必要ないんだよね。

税理士B 経過措置があるらしいからね。金融業とか保険業みたいに常に課税売上割合が95%を下回っている業種はそれなりに大変だけど、あらかたの事業者は関係ないということだ。

 仕訳はどうなる?

特定課税仕入高は、原則として課税標準に計上するとともに、「支払対価の額×6.3%」が課税仕入れ等の税額となります。したがって、特定課税仕入れに関する仕訳は、次のようになるものと思われます。

```
              税抜対価
                ↓
(仕入)      ×××    (買掛金)     ×××
(仮払消費税) ××    (仮受消費税) ××
```

(注) 買掛金は税抜金額で決済されます。

リバースチャージと会計処理

  リバースチャージと会計処理の関係

　平成27年改正法の附則42条では、課税売上割合が95％以上の場合には、当分の間、「特定課税仕入れ」はなかったものとすることになっています。また、同法附則には課税売上高の5億円基準については何ら規定していませんので、たとえ課税期間中の課税売上高が5億円を超えていても、課税売上割合が95％以上である限りは「特定課税仕入れ」を認識する必要はありません。

　そうすると、先生方のおっしゃるように、課税売上割合が95％以上となるあらかたの事業者は、結果として特定課税仕入高を不課税コードで処理しておけば何も問題ないということになります。ただし、突発的な土地の譲渡などにより特定の課税期間だけ課税売上割合が95％未満となるようなこともありますので、リバースチャージ取引については常に仮払消費税等と仮受消費税等を計上して管理する必要があるように思います。

○ リバースチャージの通知義務

税理士A　リバースチャージ方式って国外事業者から通知がくるんだよね。通知書にはどんなことが書いてあるんだろう…。

税理士B　国境を越えた役務の提供に係る消費税の課税の見直し等に関するQ&A（国税庁 Q&A）の問21には「日本の消費税は役務の提供を受けた貴社が納税することとなります。」、「日本の消費税のリバースチャージ方式の対象取引です。」といったような表示をしてくれって書いてある。

税理士A　国外事業者から何も表示がなかったら当然にリバースチャージ方式は適用されないんだよね？

税理士B　いいんだろうね…多分。

通知がない場合でも納税が必要です！

　国内において「事業者向け電気通信利用役務の提供」を行う国外事業者は、あらかじめ、その役務の提供に係る「特定課税仕入れ」を行う事業者が消費税の納税義務者となる旨を表示しなければなりません（消法62）。結果、「特定課税仕入れ」を行う事業者は、リバースチャージ方式による申告納税の義務をここで確認することになるのです。

　ただし、国外事業者の表示義務の履行の有無は、受益者である国内事業者の納税義務の有無に影響はありません（消基通5－8－2（注）、国税庁Q&A問22）。

　したがって、たとえ国外事業者からリバースチャージ方式である旨の表示がされない場合であっても、「事業者向け電気通信利用役務の提供」に該当するサービスである限りは受益者である国内事業者に納税義務が発生することになります。

リバースチャージ取引の確認方法

税理士A　通知がない取引がリバースチャージの対象取引かどうかはどうやって確認すればいいのかな？

税理士B　消費税法2条1項8の4号に書いてある<u>通常事業者に限られるものかどうか</u>で判断するしかないんじゃないの？　それでも分からなかったらとりあえず納税しておけば税務署から文句言われることもないでしょう。

税理士A　悩んだときは安全に…これって税法における「保守主義の原則」なんだって誰かが言ってたような気がする。

　　　　　こんなひどい税制押し付けられて何で誰も文句言わないんだろう…。

未登録国外事業者との取引

税理士A　電子書籍や音楽の配信のような「消費者向け電気通信利用役務の提供」は、国外事業者が日本に納税していることが確認できないと、原

則として仕入税額控除は認めないみたいだね。

税理士B 「登録国外事業者制度」のことだね。国外事業者が日本の国税庁に登録している場合、言い換えれば、日本に確実に消費税を納税している場合でなければ仕入税額控除は認めないということだ。

税理士A これって完全に課税側の都合だよね。消費税を負担しているにもかかわらず、仕入先が納税していないことを理由に仕入税額控除の権利を認めないということは、言うなれば、納税者に不当な納税を強要しているということになる。

これって憲法違反じゃないのかな？ 国外事業者に納税義務があるんだったら、課税庁が指導して納税させればいいんだよ！ 税制の不備を納税者に負担させようっていう発想が根本的に間違ってると思うんだ（怒）。

税理士B そんなに怒るなよ…。ところで、未登録国外事業者との取引は仕入税額控除ができないわけだから「不課税コード」で処理すればいいんだよね？

税理士A いいんだろうね…多分。

 未登録国外事業者と会計処理の関係

登録国外事業者への支払は国内における課税仕入れに該当します。これに対し、未登録国外事業者への支払は、課税仕入れではあるものの、実際に仕入税額控除は認められないことになります。

そこで、未登録国外事業者に対する支払については、まずは仮払消費税等の金額を計上し、その全額を控除対象外消費税額等して処理することとされています（第6「消費税法等の施行に伴う法人税の取扱いについて」通達関係14の2（登録国外事業者以外の者との取引に係る仮払消費税等の金額））。

個人事業者の経理処理

所得区分と会計処理の関係は…

　Aさんは雑貨品の販売業を営む個人事業者で、消費税は本則課税により申告をしています。Aさんは毎年の確定申告をB先生に依頼しています。B先生は、毎年2月初旬になるとAさんに電話をし、関係書類一式を郵便で送るように指示をします。その後、送られた資料を整理して確定申告書を作成し、e-Taxで申告を済ませてから申告書の控と請求書をAさん宛に郵送します。お客さんにハンコを貰わずに、また、税務署に足を運ばずに仕事ができてしまうわけですから電子申告は本当に便利です。

　何事もなく今年も確定申告が終わり、B先生はのんびりと事務所でくつろいでいたところ、3月下旬にAさんから電話がありました。

Aさん　昨年末に賃貸物件を購入したんですが、賃貸の開始は今年からなので関係資料は今回送りませんでした。何となく気になったので電話をしてみたんですが、別に問題ないですよね？

B先生　（今頃そんなこと言われても…と思いながら）いや…問題あるんですが…。

　電子申告の落とし穴

　電子申告の普及により、申告実務は本当に便利になりました。でも、便利な時代だからこそ、あえて顧客と直に会って話をしなければいけないように思います。本事例に限らず、特例選択届出書の提出失念によるトラブルなどは、顧客との会話を通じ、十分に防止できるはずです。会話を通じて顧客との信頼関係を築いていくことが、税理士業務の基本ではないでしょうか。

個人事業者の経理処理

所得税の修正申告は必要か？

B先生はAさんの確定申告書を眺めています。前年末の物件の完成、今年から賃貸開始なので、前年中の課税売上割合は100％になり、建物の建築費は全額を仕入税額控除の対象とすることができます。

消費税の確定申告期限は3月31日です。よって、今から申告書を作り直し、上書して送信すれば十分間に合います。

「簡易課税じゃなくて本当によかった…」B先生はひとまずは安心しています。

ところで、事業所得の青色決算書には未払消費税30万円が租税公課として計上されています。B先生が試算したところでは、建物の建築費に対する消費税が約400万円ですので、消費税は差引370万円の還付になります。

所得税の確定申告期限はすでに経過していますので、事業所得の計算で計上した未払消費税30万円は、修正申告により取り消すことになるのでしょうか？

 消費税額等の計上時期

税込経理方式を採用した場合には、納付消費税額等は、原則として確定申告書を提出する年の必要経費として処理することになります。ただし、Aさんのケースのように、納付消費税額等を租税公課として未払金経理した場合には、その経理した年の必要経費に算入することも認められています。

また、還付消費税額等は、原則として確定申告書を提出する年の総収入金額に算入することになりますが、その還付消費税額等を未収入金として経理し、総収入金額に計上することも認められています（取扱通達「消費税法等の施行に伴う所得税の取扱いについて」七、八）。

所得区分との関係はどうなる？

取扱通達七を読んでいくと、「…納付すべき消費税等は…納税申告書が提出された日の属する年の事業所得等の金額の計算上、必要経費に算入…」と定められています。また、同通達二（注）一において、事業所得等とは、不動産所得、事業所得、山林所得又は雑所得と定義されています。

不動産所得と事業所得がある場合でも、納付消費税額等は所得区分に関係なく、それぞれの所得の収支を合算して計算します。では、最終的な納付税額はどちらの所得に算入するのかということですが、取扱通達の記述だけでは、所得金額の計算方法は分かりません。

総合課税の所得であれば、納付消費税額等をどのように配分しようが、結果として課税所得金額は同額になります。「結果が同じならどの所得の必要経費でもいいじゃないか」という意見もありそうですが、不動産所得に土地の取得に要した負債利子から発生した損失があるときは、この損失は他の所得と損益通算することができません（措法41の4、措令26の6）。したがって、納付消費税額等は、少々面倒でも各種所得に配分する必要があるように思えるのです。

● 異なる基準を採用できるか？

B先生は何かに気が付いたようです。「不動産所得だけで消費税を計算すると400万円の還付になる。消費税は所得区分ごとに配分するわけだから、還付消費税額等は申告書を提出する本年分の総収入金額に計上すれば問題ない。ということは、所得税の修正申告は必要ないということだ！」…でも何かが妙に気になります。「未払消費税は実際にないにもかかわらず、事業所得の消費税分だけを未払金計上して、不動産所得の消費税分を翌年で処理するなんていうことが許されるんだろうか…？？？」不安になったB先生は、取扱通達を読み漁っていたところ、経理方式については、所得区分ごとに異なる基準を採用できるということが分かりました。

個人事業者の経理処理

税抜経理方式と税込経理方式の併用

取扱通達二（注）一では、所得区分ごとに異なる経理処理を認めています。そうすると、事業所得の計算は税込経理方式、不動産所得の計算は税抜経理方式という選択もできることになります。さらに、取扱通達六では、仮受消費税等及び仮払消費税等の残額は、税込経理方式を採用した業務に係る取引がないものとして精算することとしています。そうすると、不動産所得の計算では、建物に課された消費税400万円を仮払消費税として分離し、未収入金に振り替えることができそうです。

電子申告の落とし穴にも注意！

本事例において、前年分の所得税の修正申告をしないままに、消費税の申告で還付を受けることには確かに違和感があります。ただし、上記のように事業所得は税込経理方式、不動産所得は税抜経理方式を採用することとすれば、所得税の修正申告も不要となり、また、還付消費税額等を総収入金額に計上する必要もありません。

前年の仕訳	不動産所得 （税抜経理）	（仮払消費税）400 （未収入金）400	（建物）400 （仮払消費税）400
	事業所得 （税込経理）	（租税公課）30	（未払消費税等）30

↓

当年の仕訳	不動産所得	（普通預金）370 （事業主貸）30	（未収入金）400
	事業所得	（未払消費税等）30	（事業主貸）30

期間短縮制度と届出書の提出期限

期間短縮制度により損害賠償事故を回避！

税理士事務所の職員仲間の会話です。

Aくん　10月決算のM社なんだけど、申告書を仕上げて報告にいった時に社長から設備投資計画の話があったんだ。「1月に賃貸マンションが完成するんだけど消費税の還付は大丈夫ですよね？」って聞くもんだから、「今頃急に言われても届出書が間に合わないから還付は無理です」って言ってやったんだ。

Bくん　確かM社は小間物屋が法人成りした会社だったよね。年商が800万円位で設立当初から免税事業者だったと思うけど、課税期間を短縮すれば「課税事業者選択届出書」の提出はできるんじゃないの？

Aくん　…。

 期間短縮制度の活用

　消費税の課税期間は、個人事業者については暦年、法人は事業年度と定められていますが、「課税期間特例選択・変更届出書」を提出することにより、上記の課税期間を1か月又は3か月単位に短縮することが認められています（消法19①）。したがって、「課税事業者選択届出書」を期限までに提出できなかったような場合には、課税期間を短縮したうえで「課税事業者選択届出書」を提出することにより、年又は事業年度の中途から課税事業者となって消費税の還付申告をすることができるのです。

　M社の場合には、決算月である10月までに「課税事業者選択届出書」を提出しておけば、マンションが完成する当期から課税事業者となることができました。また、前期中に届出書が未提出の場合であっても、物件が完成する月の前月末日までであれば、期間短縮制度を活用することにより、課税事業者となることができるのです。

期間短縮のメリット

　輸出業者は、税込みで仕入れた商品を税抜きで輸出しますので、確定申告により、仕入れに課された消費税が還付されることになります。消費税が還付になるのであれば、1年サイクルで確定申告をするよりも、課税期間を短縮し、1か月あるいは3か月単位で還付申告をした方が、資金繰りの面からみても得策だといえるでしょう。

　また、直前期の年税額（国税）が4,800万円を超える規模の事業者は、月次の中間申告が義務付けられています。月次中間申告の対象となるような規模の事業者は、月毎に前払いした中間納付税額を確定申告で精算するよりも、課税期間を短縮し、月毎に確定申告をして税額を確定させた方が、資金管理の面から有効であると考えることもできます。

　この他にも、M社の事例のように、「課税事業者選択（不適用）届出書」や「簡易課税制度選択（不適用）届出書」などの特例選択（不適用）届出書を期限までに提出できなかった場合には、課税期間を短縮することにより、年あるいは事業年度の中途から特例制度の適用を受けることも可能です。

免税事業者は期間短縮できるか？

Aくん　免税事業者は消費税の申告義務が無いわけだから、そもそも期間短縮をすることなんかできないんじゃないの？

Bくん　（条文を読みながら）輸出免税（第7条）や仕入税額控除（第30条）の規定は、「事業者（免税事業者を除く）…」という書き出しで条文が始まっているけれども、課税期間（第19条）の規定には、届出書を提出する事業者について、「免税事業者を除く」という要件はないみたいだね。ということは、免税事業者であっても期間短縮はできるという解釈でいいんじゃないのかな…。

Aくん　手順としては、まず、課税期間を短縮してから課税事業者を選択することになると思うんだけれども、「課税事業者選択届出書」と「課税期

間特例選択・変更届出書」は同時に提出してもいいのかな？

Bくん　心配だったら「課税期間特例選択・変更届出書」を提出して押印をもらい、一呼吸おいてから「課税事業者選択届出書」を提出してみたらどうだい？

Aくん　僕のことバカにしてない？

　免税事業者と期間短縮制度

　法律にも明記されているように、課税事業者でなければ輸出免税や仕入税額控除の規定の適用を受けることはできません。
　これに対し、期間短縮制度には「免税事業者を除く」との要件はありませんので、Bくんの言うように免税事業者が「課税期間特例選択・変更届出書」を提出することについては何ら問題はないものと思われます。

● 電子申告はどうなる？

Aくん　電子申告で届出書を提出する場合には、送信時刻が1分1秒まで表示されるよね。そうすると、「課税期間特例選択・変更届出書」を送信して課税期間を短縮してからでないと、「課税事業者選択届出書」の適用開始課税期間が記載できないと思うんだけど…。

Bくん　（うっとうしい奴だと思いながら）気になるんだったら試しにやってみたらどうだい？

　期末が土日祝日の場合

　消費税の特例選択届出書は事前提出が大原則となっています。したがって、3月決算法人が翌課税期間から課税事業者を選択する、あるいは、簡易課税を選択するといったようなケースでは、「課税事業者選択届出書」や「簡易課税制度選択届出書」は決算日である3月31日までに提出しておく必要があります。法人税や消費税の申告期限である5月31日では手遅れとなりますのでくれぐれもご注意ください。

期間短縮制度と届出書の提出期限

　ところで、国税の申告期限が土日祝日の場合には、国税通則法の規定により、申告期限はその翌日まで延長されています（国通法10②、国通令2②）。したがって、3月決算法人の申告期限日である5月31日が日曜日の場合であれば、申告書はその翌日である6月1日までに提出すれば無申告加算税が課される心配はありません。では、消費税の特例選択届出書についても、決算日が日曜日の場合には、翌期の初日である4月1日までに所轄税務署に提出すれば、その提出日の属する課税期間からの適用が認められるのでしょうか…答えは No です。

　例えば「簡易課税制度選択届出書」ですが、その届出書の効力発生時期については、「…当該届出書を提出した日の属する課税期間の翌課税期間以後の課税期間…」と規定されていますので、たとえ期末が土日祝日の場合であっても、「簡易課税制度選択届出書」は期末までに提出する必要があるのです（消法37①）。

夜間ポスト

Aくん　夜間ポストに投函した場合はどうなるんだろう…

Bくん　夜間ポストに投函された書類は、翌朝に税務署の職員が回収しても前日提出の扱いになるんで届出書についても期限内に提出したものとして取り扱われることになる。でも、噂によると夜中に書類を回収する意地の悪い？税務署もあるらしいんで、僕は夜間ポストは基本的に使わないことにしているんだ。

Aくん　郵便局はどうだろう…。

Bくん　本局であれば夜中でも受付してくれるんで、簡易書留で送信日付が確定できればいいんじゃないのかな？

Aくん　ドキドキしないためにも、届出書は早めの提出が安全安心ということだね。

事務運営指針と中小企業対策
免税事業者にも過少申告加算税が…！

とある税理士さんの悩み事です。

税理士のAさんは、顧問先の社長さんが新築する貸店舗の建築費について、消費税の還付申告を依頼されました。この社長さんは、役員報酬以外に収入はありません。したがって、「課税事業者選択届出書」を期限までに提出しておかなければ、消費税の還付を受けることはできません。

Aさんは、適用開始課税期間などの必要事項を記載した「課税事業者選択届出書」を作成し、記載内容を再度確認の上、社長さんから押印をもらいました。しかし、届出書の提出期限まで余裕があったことが災いし、「課税事業者選択届出書」を未提出であることに気が付かないままで消費税の還付申告書を提出してしまいました。

申告書を提出した数日後、税務署の担当官から電話がありました。何やら大変なことになっているようです……。

担 当 官　先日先生の事務所で提出されましたMさんの消費税確定申告書なんですが、確認したところ、Mさんは「課税事業者選択届出書」を提出されていないようなんです。

A税理士　（慌てながら）そんなハズはありません！　私は「課税事業者選択届出書」を間違いなく作成し、記載事項もしっかりとチェックしたうえでMさんから押印をもらったのをはっきりと覚えているんです。

担 当 官　（機械的な口調で）いくらそのように言われても提出されていないものはいないんです！　ただ、当方でのコンピュータへの入力ミスや届出書の紛失ということも、可能性として絶対ないとはいえません。先生の事務所の届出書の控を確認させていただけますか？

　　　　　税理士さんは反射的に何かを思い出しました。受話器を片手に机の引出しをかき回したところ、何と問題の届出書が出てきたではありませんか！

A税理士　（届出書が未提出だったことは言わないで）後で届出書の控を探し

事務運営指針と中小企業対策

ておきますが、もし、どうしても見つからなかった場合にはどうすればいいんですか。嘆願で申告書を取り下げることになるのでしょうか？
担当官　大変にお気の毒ですが、提出した還付申告書は取下げることはできません。修正申告書を提出して過少申告加算税をお支払いいただくことになります。
A税理士　納税義務者でもないのに何で修正申告になるんですか？　私は修正申告をするつもりはないし、過少申告加算税なんか絶対に払いませんからね！

 事務運営指針とは？

　国税庁が公表した「消費税及び地方消費税の更正等及び加算税の取扱いについて（事務運営指針・平成12年7月3日公表）」では、消費税の還付申告書を提出した後に、調査等により免税事業者であることが判明した場合には、確定申告書の取下げではなく、修正申告により是正する旨が指導されています。
　したがって、「課税事業者選択届出書」の提出誤りなどにより、消費税の還付が受けられないことが確定した場合には、たとえ還付金が振り込まれていなくても、10％～15％の過少申告加算税が課されることとなります。ちなみに、平成23年度改正では、不正還付の未遂についても罰則規定を適用することとされました。この改正は、上記の事務運営指針の強化と相通じるところがあるようですが、不正還付か錯誤かの判断が、今後問題になるように思われます。

● **免税事業者が修正申告？**

　税理士さんは事務運営指針なるものを読んでみました。確かに免税事業者の還付申告書の提出については修正申告により是正する旨が明記されています。しかし、どう考えても税理士さんは納得できません。
　「そもそも免税事業者は確定申告書の提出義務はないわけだから、修正申告

書の提出義務も必要ないんじゃないだろうか？」そこで、国税通則法の修正申告の条文を読んでみたところ、どうやら修正申告書の提出義務には納税義務の有無は関係ないということが分かりました。

 修正申告

　国税通則法19条では、「納税申告書を提出した者の納付税額が増加する場合と還付税額が減少する場合」について、修正申告書の提出を義務付けています。
　条文の書出しが「納税申告書を提出した者」となっていることから、修正申告の規定は納税申告書を提出した者について適用されるということになります。つまり、たとえ免税事業者であっても、納税申告書を提出した限りは修正申告をしなければならないということです。
　免税事業者が「課税事業者選択届出書」の未提出に気がつかず、還付申告書を提出した場合には、本来もらうことができた還付金が消えてなくなるだけでなく、これに追い打ちをかけるように過少申告加算税が課されることになります。また、還付金が振り込まれていないからといって、加算税が免除されるものでもありません。消費税の還付申告については、今まで以上に慎重に対処する必要があるように感じています。

 中間申告による納付税額の記載に注意！

　国税である消費税と地方消費税は別々に計算しなければなりません。つまり、申告書に記載した消費税及び地方消費税の納付すべき税額の合計額が正しい場合であっても、消費税又は地方消費税のどちらかが過少であるときには、過少である税については修正申告書を提出し、過大となっている他方の税については更正の請求をする必要があります。
　過少である消費税（地方消費税）について更正が行われる場合には、過大となっている地方消費税（消費税）については減額更正により是正することになるのです（事務運営指針・第1の2）。

事務運営指針と中小企業対策

　実務上誤りが散見されるのは、中間申告による納付税額の記載箇所です。
　消費税と地方消費税の中間納付税額は1枚の納付書でまとめて納税するわけですが、この納付税額の合計額を消費税の中間申告税額として申告書の⑩欄に記載した場合、消費税については納付税額が過少となるので修正申告書を提出し、地方消費税については納付税額が過大となるので更正の請求をすることになるので注意が必要です。

 中小企業対策

　消費税の罰則規定は年々強化される傾向にあります。ここ数年の間に急に取締り（?）が厳しくなった事務運営指針の運用方針も、将来の税率引上げに向けた地ならしであることは間違いありません。
　税制改革法による二段構えの税率の引上げで、相当数の中小企業が今後価格改定（税の転嫁）に当たって厳しい戦いを強いられることになるでしょう。税は競争原理の中で転嫁するものであり、税率の引上げをきっかけとする企業の新陳代謝はある意味致し方のないところだと思われます。
　政府では、中小企業対策として、下請法の強化や独占禁止法の更なる改正を検討しているようですが、効果はあまり期待できないように感じています。中小企業は、最後は自らの努力と判断で、自己の資産と従業員の生活を守っていかなければいけないのです。
　税の転嫁ができないからといって、国が悪い政治が悪いと嘆いてみても何もよいことはありません。プラス思考で前を見て、明るく元気に行きましょう！

罰則規定の強化

消費税の滞納防止に妙案はあるか？

会計事務所の職員の会話です。

Aくん　消費税の還付請求に関するトラブルはいまだに減らないみたいだね。

Bくん　税理士賠償責任保険の事故件数をみても、消費税が相も変わらずのダントツトップだ。還付請求に関する事故も相当数あるんだろうね。

Aくん　そういえば平成22年度改正で国税三法と消費税法の罰則規定が強化されたんだけど、その翌年の平成23年度改正では、さらに還付未遂も処罰する改正があったらしいんだ。

Bくん　未遂でも悪質な事案は告発するということだね。もっとも、罰則が適用されるような事案は告発が前提になるわけだから、相当に悪質な場合じゃなければ関係ないわけだ。僕らが関与するような案件は、通常は修正申告か更正処分で終わりになるから「そんなの関係ねえ」って感じかな。

Aくん　そういえば、最近消費税の滞納に関する取締りが妙に厳しくなったような気がするんだよね。以前は納税が少々遅れたくらいだったら何も言ってこなかったのに、最近は滞納するとすぐに税務署から電話がかかってくるらしいんだ。税務署から呼出しを喰らったお客さんが嘆いてた。

Bくん　景気が悪いからどうしても資金繰りに使っちゃうんだよね。銀行も簡単にはお金貸してくれないし、「もう夜逃げするしかない」ってM社の社長が冗談半分に言ってたよ。

 罰則規定が強化された理由は？

　社会保障・税一体改革法案が8月10日に成立したことにより、消費税の実効税率は平成26年4月1日から8％に引き上げになりました。消費税は、地方消費税も含め、1％で約2.7兆円の税収がありますので、これを諸外国並みに引き上げれば、所得税や法人税などとは比べものにならない

くらいの税収アップが期待できるわけです。

　しかし、いくら税率を引き上げても滞納が増えたのでは意味がありません。単に「絵に描いた餅」で終わってしまいます。そこで、今のうちから消費税の滞納については特に取締りを厳しくし、さらには罰則規定も強化することにより、消費税に対する納税者の意識を変えていこうということです。

　税金の滞納は当然に許されることではありません。ただ、景気の停滞する最中、税の転嫁もままならない中小事業者にとっては消費税の納税は相当に負担になるのもまた事実です。下請業者は従来の取引慣行を払拭し、毅然とした態度で元請と対峙する必要があるように感じています。

　消費税は競争原理の中で転嫁するものですから、預り金的性格はあるものの、源泉税とは本質的にその性格は異なります。消費税は断じて預り金ではありません！　滞納に関する特効薬はただ一つ「景気の回復」！　……これしかないのです。

滞納防止策

Aくん　僕の担当先のK社なんだけど、今年上期の源泉税の納付が1日遅れちゃったみたいなんだよね。本人は1日くらいだから大丈夫と思ってたみたいなんだけど、不納付加算税の納税通知書が送付されてきて大騒ぎになったんだ。

Bくん　「1日でも遅れると5％の罰金（？）ですよ」って言っとかなかったの？

Aくん　もちろん言ってたさ。でも本人はあまり気にしてなかったみたいだね。「税務署に怒鳴りこんでやる！」って意気まいてたのをやっとの思いで宥めたんだ。

Bくん　僕は担当先で納税資金の管理ができないところは毎月源泉税を納めてもらうようにしているんだ。半年たまると小さな会社でも納税額はバカにならないからね。毎月少しずつ納めていけばそれほど負担にはならないみたいだよ。

Aくん　消費税も源泉税みたいに中間申告で毎月払うような制度があればいい

のにね。慣れるまでは大変だろうけど、源泉税だって毎月払ってるわけだから、中小企業でも選択で月次納付を認めたらどうかと思うんだ。

Bくん　確かにそうだよね。滞納も確実に減るだろうから徴収職員の事務負担だって軽減できる。まさに一石二鳥のアイデアだ！

 選択による中間申告納付

　Aくんの提案する月次納付の選択制度についてはクマオーも大賛成です。現在、直前期の確定消費税額（国税）が4,800万円を超える規模の事業者は、1月中間申告制度により月次の申告納付が義務付けられています。これをすべての事業者に強制すると問題がありますので、現行制度を維持しつつ、希望する事業者には1月中間申告の選択を認めたらどうかと考えます。

　ところで、平成24年8月10日に成立した改正消費税法では、直前期の年税額（国税）が48万円以下の事業者で、納税の意思がある者については6月中間申告納付を選択できることとなりました。ただし、残念ながら前納しても報奨金はもらえないみたいです（笑）。

　筆者としては、6月中間申告だけではなく、1月中間申告や3月中間申告も選択により認めてみてはどうかと考えます。ただし、上位の中間申告は選択できるけれども下位の選択はできないこととしておけば、従来の中間申告制度に弊害が生じることはありません。

　例えば、3月中間申告適用事業者は、下表のように、1月中間申告は選択できるけれども6月中間申告は選択できないということです。

前期の確定税額による区分	選択する中間申告の区分	要否
一月中間申告	三月中間申告	×
	六月中間申告	×
三月中間申告	一月中間申告	○
	六月中間申告	×
六月中間申告	一月中間申告	○
	三月中間申告	○

罰則規定の強化

ただし、還付加算金を目当てに前納することを防止するために、確定申告で中間申告納付額が還付となる場合には、選択による中間申告制度によらない場合の前期実績による中間申告納付額を基に計算した還付加算金を超える部分の金額は、なかったものとみなす旨の規定を設けることが必要です。つまり、還付加算金は前期実績による中間納付額を基に計算した金額が限度になるということです。

新たに創設された任意の中間申告制度ですが、中間申告対象期間の末日までに任意の中間申告書を提出する旨の届出書を提出することにより、その課税期間から中間申告納付の選択や取りやめができることとなります（消法42⑧～⑩）。また、期限までに中間申告書の提出又は納付をしなかった場合には、任意の中間申告書を提出する旨の届出書の提出があったものとみなされますので、何ら届出書を提出しなくても、その後の中間申告納付は必要ありませんので、納税資金の管理に自信のない小規模事業者は、積極的にこの制度を活用することをお勧めしたいところです（消法42⑪）。

［著者紹介］

熊王　征秀
（くまおう　まさひで）

昭和37年	山梨県出身
昭和59年	学校法人大原学園に税理士科物品税法の講師として入社し、在職中に酒税法、消費税法の講座を創設
平成4年	同校を退職し、会計事務所勤務
平成6年	税理士登録
平成9年	独立開業
現　在	東京税理士会会員相談室委員、東京税理士会調査研究部委員、東京地方税理士会税法研究所研究員、日本税務会計学会委員、大原大学院大学教授

＜著書＞

『消費税　軽減税率・インボイス　対応マニュアル』（日本法令）
『クマオーの基礎からわかる消費税』（清文社）
『10％対応　改正消費税のポイントとその実務』（税務研究会出版局）
『消費税の還付請求手続完全ガイド』（税務研究会出版局）
『すぐに役立つ　消費税の実務Q&A』（税務研究会出版局）
『消費税の納税義務者と仕入税額控除』（税務経理協会）
『消費税トラブルの傾向と対策』（ぎょうせい）
『クマオーの消費税トラブルバスター』（ぎょうせい）
『タダではすまない！消費税ミス事例集』（大蔵財務協会）
『再確認！自分でチェックしておきたい消費税の実務』（大蔵財務協会）
『消費税の申告実務』（中央経済社）
『実践消費税法』（中央経済社）
『消費税法ゼミナール』（中央経済社）
他、共著多数

クマオーの消費税トラブル・バスターⅡ

平成30年4月21日　第1刷発行
平成31年1月21日　第5刷発行

著　者　熊王　征秀
発行所　株式会社 ぎょうせい

〒136-8575　東京都江東区新木場1-18-11
電話　編集　03-6892-6508
　　　営業　03-6892-6666
フリーコール　0120-953-431
URL：https://gyosei.jp

〈検印省略〉

印刷・製本　ぎょうせいデジタル㈱　　　©2018　Printed in Japan
＊乱丁本・落丁本はお取り替えいたします。

ISBN978-4-324-10474-3
(5108407-00-000)
〔略号：消費税トラブルⅡ〕